"十四五"职业教育国家规划教材配套用书

# 审计学原理与实务
## 学习指导、习题与项目实训
（第三版）

SHENJIXUE YUANLI YU SHIWU
XUEXI ZHIDAO XITI YU XIANGMU SHIXUN

**新准则 新税率**

主　编　王生根　朱庆仙　后鸿燕

新形态教材

本书另配：参考答案

中国教育出版传媒集团
高等教育出版社·北京

## 内容提要

本书是"十四五"职业教育国家规划教材《审计学原理与实务》（第三版）的配套用书。

本书包括认知审计、实施审计程序、获取审计证据、编制审计工作底稿、出具审计报告、进行审计抽样、执行业务审计和认知信息技术审计八个项目，每个项目包括学习指导、练习题和项目实训三个部分。其中，学习指导、练习题部分与主教材各项目及其任务相对应，提供有单项选择题、多项选择题、判断题、简答题等，帮助学生巩固所学的基本理论知识；项目实训部分则是以各项目知识点综合运用为目标，以项目化操作为主线进行设计，提升学生审计程序和审计技能的综合运用能力，从而形成职业认知和职业判断。为利教便学，本书另配有习题与项目实训参考答案。

本书可作为高等职业院校会计、审计专业及其他相关专业的教学用书，也可作为会计、审计行业社会从业人员的自学参考书。

## 图书在版编目（CIP）数据

审计学原理与实务学习指导、习题与项目实训／王生根，朱庆仙，后鸿燕主编．—3 版．—北京：高等教育出版社，2022.6（2023.8重印）

ISBN 978-7-04-057342-8

Ⅰ.①审… Ⅱ.①王… ②朱… ③后… Ⅲ.①审计学－高等职业教育－教学参考资料 Ⅳ.①F239.0

中国版本图书馆 CIP 数据核字（2022）第 004144 号

| 策划编辑 | 刘悦珍 卢瑞卿 | 责任编辑 | 卢瑞卿 刘悦珍 | 封面设计 | 张文豪 | 责任印制 | 高忠富 |

| | | | |
|---|---|---|---|
| 出版发行 | 高等教育出版社 | 网　址 | http://www.hep.edu.cn |
| 社　址 | 北京市西城区德外大街4号 | | http://www.hep.com.cn |
| 邮政编码 | 100120 | 网上订购 | http://www.hepmall.com.cn |
| 印　刷 | 上海叶大印务发展有限公司 | | http://www.hepmall.com |
| 开　本 | 787mm×1092mm　1/16 | | http://www.hepmall.cn |
| 印　张 | 11 | 版　次 | 2022年6月第3版 |
| 字　数 | 265千字 | | 2014年8月第1版 |
| 购书热线 | 010-58581118 | 印　次 | 2023年8月第2次印刷 |
| 咨询电话 | 400-810-0598 | 定　价 | 25.00元 |

本书如有缺页、倒页、脱页等质量问题，请到所购图书销售部门联系调换

版权所有　侵权必究

物　料　号　57342-A0

# 第三版前言

本书是与"十四五"职业教育国家规划教材《审计学原理和实务》(第三版)配套的一本指导性实践用书。

本书秉承主教材的风险导向审计理念,以"找证据—编底稿—出报告"为主线,贯彻了"教、学、做"一体化的教学思想。与主教材认知审计、实施审计程序、获取审计证据、编制审计工作底稿、出具审计报告、进行审计抽样、执行业务审计、认知信息技术审计八个项目相一致,每一个项目包括学习指导、练习题和项目实训三个部分,其中,学习指导、练习题与主教材各项目及其任务相对应:在学习指导部分,为便于学生快速地掌握教材的内容,将部分理论知识予以梳理,用表格形式呈现,并将重要知识点标注颜色进行了提示;在练习题部分,每一个任务都精选了与重要知识点相关的典型题目,便于学生更好地理解和运用所学的知识;在项目实训部分,实训是以各项目知识点综合运用为目标,以项目化操作为主线进行设计,力求体现"理实一体化"的职业教育教学理念。为利教便学,本书另配有习题与项目实训参考答案。

本书由江苏经贸职业技术学院王生根、朱庆仙、后鸿燕担任主编,承担全书的编写任务,并完成最后的修改和定稿。具体编写分工如下:朱庆仙编写项目一、项目二、项目七和项目八;后鸿燕编写项目三、项目四、项目五和项目六;全书由长期从事审计理论教学和研究、全国CPA资深培训专家并拥有丰富会计师事务所工作经验的王生根教授总纂。

在本书编写过程中,我们参考了许多专著和教材,得到了有关院校领导、专家学者及同行们的大力支持,在此表示诚挚的感谢!

由于编者理论水平和实践知识有限,书中难免存在一些不妥之处,恳请会计审计界同行以及使用本书的各位读者不吝赐教。

编　者

# 目　录

| | |
|---|---|
| 001 | **项目一　认知审计** |
| 001 | 学习指导 |
| 001 | 任务一　认知审计的起源与发展 |
| 003 | 任务二　认知审计监督体系 |
| 004 | 任务三　认知注册会计师的职业道德与法律责任 |
| 006 | 任务四　确定审计目标 |
| 009 | 任务五　制订审计计划 |
| 013 | 练习题 |
| 013 | 任务一　认知审计的起源与发展 |
| 016 | 任务二　认知审计监督体系 |
| 019 | 任务三　认知注册会计师的职业道德与法律责任 |
| 024 | 任务四　确定审计目标 |
| 028 | 任务五　制订审计计划 |
| 033 | 项目实训 |
| | |
| 037 | **项目二　实施审计程序** |
| 037 | 学习指导 |
| 037 | 任务一　实施风险评估程序 |
| 038 | 任务二　执行控制测试程序 |
| 041 | 任务三　执行实质性程序 |
| 042 | 练习题 |
| 042 | 任务一　实施风险评估程序 |
| 048 | 任务二　执行控制测试程序 |
| 051 | 任务三　执行实质性程序 |
| 054 | 项目实训 |
| | |
| 056 | **项目三　获取审计证据** |
| 056 | 学习指导 |

| 056 | 任务一 认知审计证据的概念和种类 |
| 056 | 任务二 认知审计证据的特性和特征 |
| 057 | 任务三 整理、分析与评价审计证据 |
| 058 | 练习题 |
| 058 | 任务一 认知审计证据的概念和种类 |
| 062 | 任务二 认知审计证据的特性和特征 |
| 066 | 任务三 整理、分析与评价审计证据 |
| 071 | 项目实训 |

## 项目四 编制审计工作底稿

| 074 | 学习指导 |
| 074 | 任务一 形成审计工作底稿 |
| 075 | 任务二 复核审计工作底稿 |
| 077 | 任务三 管理审计档案 |
| 078 | 练习题 |
| 078 | 任务一 形成审计工作底稿 |
| 084 | 任务二 复核审计工作底稿 |
| 087 | 任务三 管理审计档案 |
| 092 | 项目实训 |

## 项目五 出具审计报告

| 097 | 学习指导 |
| 097 | 任务一 认知审计报告编制前的具体工作 |
| 100 | 任务二 认知审计报告 |
| 104 | 任务三 掌握审计报告的编写要求和编写程序 |
| 105 | 任务四 编写不同类型审计报告 |
| 106 | 练习题 |
| 106 | 任务一 认知审计报告编制前的具体工作 |
| 109 | 任务二 认知审计报告 |
| 110 | 任务三 掌握审计报告的编写要求和编写程序 |
| 112 | 任务四 编写不同类型审计报告 |
| 114 | 项目实训 |

## 项目六 进行审计抽样

| 119 | 学习指导 |

| | | |
|---|---|---|
| 119 | 任务一 | 认知审计抽样及其种类 |
| 119 | 任务二 | 实施审计抽样 |
| 120 | 任务三 | 在审计测试中应用审计抽样 |
| 122 | 练习题 | |
| 122 | 任务一 | 认知审计抽样及种类 |
| 126 | 任务二 | 实施审计抽样 |
| 130 | 任务三 | 在审计测试中应用审计抽样 |
| 134 | 项目实训 | |

## 项目七　执行业务审计

| | | |
|---|---|---|
| 137 | 学习指导 | |
| 137 | 任务一 | 销售与收款循环审计 |
| 139 | 任务二 | 采购与付款循环审计 |
| 141 | 任务三 | 货币资金审计 |
| 142 | 练习题 | |
| 142 | 任务一 | 销售与收款循环审计 |
| 145 | 任务二 | 采购与付款循环审计 |
| 148 | 任务三 | 货币资金审计 |
| 150 | 项目实训 | |

## 项目八　认知信息技术审计

| | | |
|---|---|---|
| 153 | 学习指导 | |
| 153 | 任务一 | 认知信息技术对审计工作的影响 |
| 155 | 任务二 | 认知信息化审计的基本概念和基本方法 |
| 158 | 任务三 | 认知审计信息化软件 |
| 159 | 练习题 | |
| 159 | 任务一 | 认知信息技术对审计工作的影响 |
| 161 | 任务二 | 认知信息化审计的基本概念和基本方法 |
| 164 | 任务三 | 认知审计信息化软件 |
| 165 | 项目实训 | |

166　**主要参考文献**

# 项目一 认知审计

## 学习指导

### 任务一 认知审计的起源与发展

#### 一、西方注册会计师审计的起源与发展

注册会计师（certified public accoutant，CPA）审计起源于 16 世纪意大利合伙制企业制度，形成于英国股份制企业制度，发展和完善于美国发达的资本市场。1720 年，"南海公司"破产事件标志着注册会计师的正式诞生。1853 年，爱丁堡会计师协会在苏格兰成立标志着独立审计职业的诞生。1862 年，对有限责任公司进行年度会计报表审计成为独立会计师的法定要求，从而进一步明确了独立会计师的法律地位。目前的"四大"国际会计师事务所是指"普华永道""安永""毕马威""德勤"。

#### 二、我国注册会计师审计的演进和发展

1918 年 9 月，北洋政府农商部颁布了我国第一部注册会计师法规——《会计师暂行章程》，并于同年批准著名会计学家谢霖为中国的第一位注册会计师，谢霖创办的中国第一家会计师事务所——正则会计师事务所也获准成立。此后，又逐步批准了一批注册会计师，建立了一批会计师事务所，包括潘序伦创办的"潘序伦会计师事务所"（后改称"立信会计师事务所"）等。

#### 三、审计的含义和分类

##### （一）审计的含义

审计是指由专职的机构和人员接受委托或根据授权，依照一定的标准，对被审计单位的财政、财务收支及其他经济活动的真实性、合法性和效益性进行审查的独立的经济监督、鉴证、评价活动。

审计定义涉及以下几方面含义：

（1）审计主体。即审计的执行者，亦即审计定义中的"专职机构和人员"。

（2）审计客体。即审计对象，笼统地讲是被审计单位的经济业务活动，通常包括财务报表、其他经济资料等。

（3）审计标准。即用于评价或计量鉴证对象的基准，如编制财务报表所使用的会计准

则和相关会计制度、单位内部制定的行为准则或确定的绩效水平等。

(4) 审计目的。一般来说,审计目的是评价经济活动的真实性、合法性和效益性。

(5) 审计职能及作用。审计职能主要包括经济监督、经济鉴证、经济评价三项职能。审计的作用则体现在发挥审计职能所产生的影响方面,包括防护性(制约)作用和建设性(促进)作用。

### (二) 审计的分类

(1) 按审计内容和目的不同,分为财政财务审计、财经法纪审计、经济效益审计和经济责任审计。

(2) 按审计主体不同,分为国家审计、内部审计和注册会计师审计。

(3) 按审计的范围不同,分为全部审计和局部审计。

(4) 按审计的项目不同,分为综合审计和专项审计。

(5) 按审计对象的接受程度不同,分为强制审计和任意审计。

(6) 按审计对象的性质不同,分为公共审计和企事业审计。

(7) 按审计实施时间不同,分为事前审计、事中审计和事后审计,以及定期审计和不定期审计。

(8) 按审计执行地点不同,分为报送审计和就地审计。

(9) 按审计组织方式等不同,分为委托审计、联合审计、常驻审计、巡回审计、预告审计和突击审计。

## 四、审计的本质

审计的本质是审计具有独立性、权威性和公正性。

## 五、审计的要素

审计作为鉴证业务的一种,它具有鉴证业务应该具备的所有要素。对财务报表审计而言,审计业务要素包括审计业务的三方关系人、财务报表、财务报表编制基础、审计证据和审计报告五个要素。

### (一) 审计业务的三方关系人

三方关系人分别是指注册会计师、被审计单位管理层和财务报表预期使用者。

#### 1. 注册会计师

注册会计师是指取得注册会计师证书并在会计师事务所执业的人员,有时也指其所在的会计师事务所。

#### 2. 被审计单位管理层

被审计单位管理层是指对被审计单位经营活动的执行负有经营管理责任的人员,对财务报表编制负责。在某些被审计单位,管理层包括部分或全部的治理层成员,被审计单位管理层属于对财务报表负责的直接责任方。管理层也可以是财务报表的预期使用者之一,但不能是唯一的预期使用者。在某些情况下,管理层和预期使用者可能来自同一企业,但并不意味着两者就是同一方。

#### 3. 财务报表预期使用者

财务报表预期使用者是指预期使用审计报告和财务报表的组织或人员。注册会计师可能无法识别使用审计报告的所有组织和人员,尤其在各种可能的预期使用者对财务报表存在不同的利益需求时。

### (二) 财务报表(审计对象载体)

财务报表是指依据某一财务报告编制基础对被审计单位历史的财务状况、经营成果和现金流量的结构性表述(包括相关附注),旨在反映某一时点的经济资源或义务或某一时期经营成果的变化。

### (三) 财务报表编制基础(标准)

首先,在财务报表审计中,财务报告编制基础即是标准。适用的财务报告编制基础,是指法律法规要求采用的财务报告编制基础;或者管理层和治理层(如适用)在编制财务报表时,就被审计单位性质和财务报表目标而言,采用的可接受的财务报告编制基础。

其次,财务报告编制基础分为通用目的编制基础和特殊目的编制基础。通用目的编制基础旨在满足广大财务报表使用者共同的财务信息需求,具体编制基础是企业会计准则和相关会计制度;特殊目的编制基础旨在满足财务报表特定使用者对财务信息需求,具体编制基础有计税核算基础、监管机构的报告要求和合同的约定等。

### (四) 审计证据

审计证据是指注册会计师为了得出审计结论和形成审计意见而使用的必要信息。审计证据在性质上具有累积性,主要是在审计过程中通过实施审计程序获取的。审计证据具有充分性和适当性两个特征,充分性是对审计证据数量的衡量,适当性是对审计证据质量的衡量。适当性又可分为相关性和可靠性,其中审计证据的可靠性受其来源和性质的影响,并取决于获取审计证据的具体环境。

### (五) 审计报告

注册会计师应当针对财务报表在所有重大方面是否符合适当的财务报表编制基础,以书面报告的形式发表能够提供合理保证程度的意见。

如果存在下列情形之一时,注册会计师应当对财务报表清楚地发表恰当的非无保留意见:① 根据获取的审计证据,得出财务报表整体存在重大错报的结论;② 无法获取充分、适当的审计证据,不能得出财务报表整体不存在重大错报的结论。

## 任务二　认知审计监督体系

从国内外审计的历史和现状来看,审计按不同主体划分为国家审计、内部审计和注册会计师审计,并相应地形成了三类审计组织机构,共同构成审计监督体系。国家审计、内部审计和注册会计师审计的比较如表1-1所示。

表1-1　国家审计、内部审计和注册会计师审计的比较

| 项　目 | 国　家　审　计 | 内　部　审　计 | 注册会计师审计 |
| --- | --- | --- | --- |
| 审计目标 | 财政(财务)收支的真实、合法和效益 | 增加组织价值:内部控制的有效性、财务信息的真实和完整性、经营活动的效率和效果 | 财务报表的合法性、公允性 |
| 审计依据 | 审计法、国家审计准则 | 内部审计准则 | 注册会计师法、注册会计师审计准则 |

续表

| 项　目 | 国家审计 | 内部审计 | 注册会计师审计 |
|---|---|---|---|
| 独立性 | 单向独立 | 相对独立 | 双向独立 |
| 审计方式 | 强制审计、经费由政府预算保障 | 强制审计、无偿 | 受托审计、有偿服务 |
| 取证权限 | 对被审计单位及相关单位取证有行政强制力 | 外调的权限与注册会计师审计类似,内调的权限高于注册会计师审计;权限总体介于民间审计和政府审计 | 很大程度上依赖被审计单位及相关单位的配合和协助来取证 |
| 发现问题后的处理方式 | 在法定职权范围内作出审计决定或者向有关主管机关提出处理、处罚意见 | 国家机关、国有企业事业组织等单位,主要负责人或者权力机构在管理权限范围内,授予内部审计机构必要的处理、处罚权;问题处理一般限于单位内部 | 提请被审计单位调整和披露或者出具非标准审计报告,没有行政强制力 |
| 审计时间 | 按工作计划实施审计 | 时间安排灵活,体现经常性和及时性 | 年报审计或按照业务约定时间实施审计 |
| 相互联系 | ① 虽然主体不同,但审计在工作上具有一致性,它们相互联系、共同构成审计监督体系;② 各自独立,各司其职,相互不可替代;③ 国家机关、国有企业事业组织等的内部审计机构依法接受国家审计机关的审计业务质量的检查和评估;④ 由于内部审计是单位内控的一部分、内外部审计工作上具有一致性、利用内部审计工作成果可以提高审计效率,任何外部审计在执行业务时,都要对其内部审计的情况进行了解并考虑是否利用其工作成果 |||

## 任务三　认知注册会计师的职业道德与法律责任

### 一、注册会计师的职业道德

职业道德的基本原则有诚信、客观公正、独立性、专业胜任能力和勤勉尽责、保密和良好职业行为等六个方面。可能对职业道德基本原则产生不利影响的因素,具体如表 1-2 所示。

表 1-2　　可能对职业道德基本原则产生不利影响的因素

| 因　素 | 情　形 |
|---|---|
| 自身利益 | ① 注册会计师在客户中拥有直接经济利益;<br>② 会计师事务所的收入过分依赖某一客户;<br>③ 会计师事务所以较低的报价获得新业务,而该报价过低,可能导致注册会计师难以按照适用的职业准则要求执行业务;<br>④ 注册会计师与客户之间存在密切的商业关系;<br>⑤ 注册会计师能够接触涉密信息,而该涉密信息可能被用于谋取个人私利;<br>⑥ 注册会计师在评价所在会计师事务所以往提供的专业服务时,发现了重大错误 |
| 自我评价 | ① 注册会计师在对客户提供财务系统的设计或实施服务后,又对该系统的运行有效性出具鉴证报告;<br>② 注册会计师为客户编制用于生成有关记录的原始数据,而这些记录是鉴证业务的对象 |

续表

| 因素 | 情形 |
|---|---|
| 过度推介 | ① 注册会计师推介客户的产品、股份或其他利益;<br>② 当客户与第三方发生诉讼或纠纷时,注册会计师为该客户辩护;<br>③ 注册会计师站在客户的立场上影响某项法律法规的制定 |
| 密切关系 | ① 审计项目团队成员的主要近亲属或其他近亲属担任审计客户的董事或高级管理人员;<br>② 鉴证客户的董事、高级管理人员,或所处职位能够对鉴证对象施加重大影响的员工,最近曾担任注册会计师所在会计师事务所的项目合伙人;<br>③ 审计项目团队成员与审计客户之间长期存在业务关系 |
| 外在压力 | ① 注册会计师因对专业事项持有不同意见而受到客户解除业务关系或被会计师事务所解雇的威胁;<br>② 由于客户对所沟通的事项更具有专长,注册会计师面临服从该客户判断的压力;<br>③ 注册会计师被告知,除非其同意审计客户某项不恰当的会计处理,否则计划中的晋升将受到影响;<br>④ 注册会计师接受了客户赠予的重要礼品,并被威胁将公开其收受礼品的事情 |

注册会计师应当运用职业判断确定如何应对超出可接受水平的不利影响,包括采取防范措施消除不利影响或将其降低至可接受的水平,或者终止业务约定或拒绝接受业务委托。

## 二、注册会计师的法律责任

对注册会计师法律责任认定的具体表现形式如表 1-3 所示。

表 1-3　　　　对注册会计师法律责任认定的具体表现形式

| 认定 | 含义 |
|---|---|
| 违约 | 合同的一方或几方未能达到合同条款的要求 |
| 过失 | 在一定条件下,缺少应具有的合理的谨慎;评价注册会计师的过失,是以其他合格注册会计师在相同条件下可做到的谨慎为标准的 |
| 普通过失<br>(一般过失) | 通常是指没有保持职业上应有的合理的谨慎;对注册会计师则是指没有完全遵循专业准则的要求 |
| 重大过失 | 连基本的职业谨慎都不保持,对业务或事务不加考虑,满不在乎;对于注册会计师而言,则是指根本没有遵循专业准则或没有按专业准则的基本要求执行审计 |
| 欺诈 | 又称"注册会计师舞弊",是指以欺骗或坑害他人为目的的一种故意的错误行为 |
| 推定欺诈 | 又称"涉嫌欺诈",是指虽无故意欺诈或坑害他人的动机,但却存在极端或异常的过失 |

注册会计师因违约、过失或欺诈给被审计单位或其他利害关系人造成损失的,按照有关法律和规定,可能被判负行政责任、民事责任或刑事责任。这三种责任可单处,也可并处。注册会计师法律责任的种类、责任承担及认定如表 1-4 所示。

表 1-4　　　　　　注册会计师法律责任的种类、责任承担及认定

| 种　类 | 责　任　承　担 | 认　定 |
|---|---|---|
| 行政责任 | ① 对注册会计师个人来说，包括警告、暂停执业、吊销注册会计师证书；<br>② 对会计事务所而言，包括警告、没收违法所得、罚款、暂停执业、撤销等 | 一般由违约、过失引起 |
| 民事责任 | 主要是指赔偿受害人损失 | 一般由违约、过失、欺诈引起 |
| 刑事责任 | 主要是指按有关法律程序判处一定的徒刑 | 一般由欺诈引起 |

## 任务四　确定审计目标

### 一、审计的总体目标

在执行财务报表审计工作时注册会计师的总体目标包括两个方面：

(1) 对财务报表整体是否不存在由于舞弊或错误导致的重大错报获取合理保证，使得注册会计师能够对财务报表是否在所有重大方面按照适用的财务报告编制基础编制发表审计意见。

(2) 按照审计准则的规定，根据审计结果对财务报表出具审计报告，并与管理层和治理层沟通。

### 二、认定

#### (一) 认定的含义

根据《中国注册会计师审计准则第 1211 号——通过了解被审计单位及其环境识别和评估重大错报风险》第三条的相关内容：认定，是指管理层在财务报表中作出的明确或隐含的表达，注册会计师将其用于考虑可能发生的不同类型的潜在错报。

#### (二) 认定的类别

认定的类别如表 1-5 所示。

表 1-5　　　　　　　　　　　认定的类别

| 类　别 | 相关的财务报表 |
|---|---|
| 所审计期间各类交易、事项及相关披露的认定 | 利润表 |
| 期末账户余额及相关披露的认定 | 资产负债表 |

#### (三) 关于所审计期间各类交易、事项及相关披露的认定

关于所审计期间各类交易、事项及相关披露的认定如表 1-6 所示。

表 1-6　　　关于所审计期间各类交易、事项及相关披露的认定

| 认定类别 | 认定的内涵 | 重点关注 |
|---|---|---|
| 发　生 | 记录或披露的交易和事项已发生，且这些交易和事项与被审计单位有关 | 是否多记 |

续　表

| 认定类别 | 认定的内涵 | 重点关注 |
|---|---|---|
| 完整性 | 所有应当记录的交易和事项均已记录,所有应当包括在财务报表中的相关披露均已包括 | 是否少记 |
| 准确性 | 与交易和事项有关的金额及其他数据已恰当记录,相关披露已得到恰当计量和描述 | 金额(数字)是否正确 |
| 截止 | 交易和事项已记录于正确的会计期间 | 记录是否提前(或推迟) |
| 分类 | 交易和事项已记录于恰当的账户 | 记录的"位置"是否恰当 |
| 列报 | 交易和事项已被恰当地汇总或分解且表述清楚,相关披露在适用的财务报告编制基础下是相关的、可理解的 | 表述是否清楚、相关、可理解 |

### (四) 关于期末账户余额及相关披露的认定

关于期末账户余额及相关披露的认定如表1-7所示。

表1-7　　　　　关于期末账户余额及相关披露的认定

| 认定类别 | 认定的内涵 | 特别关注 |
|---|---|---|
| 存在 | 记录的资产、负债和所有者权益是存在的 | 资产和权益是否真实存在 |
| 权利和义务 | 记录的资产由被审计单位拥有或控制,记录的负债是被审计单位应当履行的偿还义务 | 资产及权益的归属权(所有权和义务) |
| 完整性 | 所有应当记录的资产、负债和所有者权益均已记录,所有应当包括在财务报表中的相关披露均已包括 | 是否遗漏 |
| 准确性、计价和分摊 | 资产、负债和所有者权益以恰当的金额包括在财务报表中,与之相关的计价或分摊调整已恰当记录,相关披露已得到恰当计量和描述 | 金额(数字)是否正确 |
| 分类 | 资产、负债和所有者权益已记录于恰当的账户 | 记录的"位置"是否恰当 |
| 列报 | 资产、负债和所有者权益已被恰当地汇总或分解且表述清楚,相关披露在适用的财务报告编制基础下是相关的、可理解的 | 披露是否清楚、相关、可理解 |

## 三、具体审计目标

### (一) 具体审计目标的概念

具体审计目标是指注册会计师通过实施实审计程序以确定管理层在财务报表中确认的各类交易、账户余额、披露层次认定是否恰当。

### (二) 与所审计期间各类交易、事项及相关披露相关的认定与具体审计目标

与所审计期间各类交易、事项及相关披露相关的认定与具体审计目标,如表1-8所示。

表1-8　与所审计期间各类交易、事项及相关披露相关的认定与具体审计目标

| 认定类别 | 认定的内涵 | 具体审计目标 |
|---|---|---|
| 发生 | 记录或披露的交易和事项已发生,且这些交易和事项与被审计单位有关 | 已记录的交易是否真实(不曾发生、多记、虚构交易、高估) |

续表

| 认定类别 | 认定的内涵 | 具体审计目标 |
| --- | --- | --- |
| 完整性 | 所有应当记录的交易和事项均已记录,所有应当包括在财务报表中的相关披露均已包括 | 已发生的交易是否确实已经记录(漏记、低估) |
| 准确性 | 与交易和事项有关的金额及其他数据已恰当记录,相关披露已得到恰当计量和描述 | 已记录的交易是否按正确金额反映(数量、单价、金额) |
| 截止 | 交易和事项已记录于正确的会计期间 | 接近于资产负债表日的交易是否记录于恰当的期间(提前、推迟) |
| 分类 | 交易和事项已记录于恰当的账户 | 被审计单位记录的交易是否经过适当分类(在报表中的"位置") |
| 列报 | 交易和事项已被恰当地汇总或分解且表述清楚,相关披露在适用的财务报告编制基础下是相关的、可理解的 | 被审计单位的交易和事项是否已被恰当地汇总或分解且表述清楚,相关披露在适用的财务报告编制基础下是否相关、可理解(表述清楚、相关、可理解) |

### (三) 与期末账户余额及相关披露相关的认定与具体审计目标

与期末账户余额及相关披露相关的认定与具体审计如表1-9所示。

**表1-9　与期末账户余额及相关披露相关的认定与具体审计目标**

| 认定类别 | 认定的内涵 | 具体审计目标 |
| --- | --- | --- |
| 存在 | 记录的资产、负债和所有者权益是存在的 | 记录的金额是否确实存在 |
| 权利和义务 | 记录的资产由被审计单位拥有或控制,记录的负债是被审计单位应当履行的偿还义务 | 资产是否属于被审计单位的权利,负债是否属于被审计单位的义务 |
| 完整性 | 所有应当记录的资产、负债和所有者权益均已记录,所有应当包括在财务报表中的相关披露均已包括 | 应当记录的是否均已记录;是否存在少记或者漏记 |
| 准确性、计价和分摊 | 资产、负债和所有者权益以恰当的金额包括在财务报表中,与之相关的计价或分摊调整已恰当记录,相关披露已得到恰当计量和描述 | 资产、负债和所有者权益是否以恰当的金额包括在财务报表中,与之相关的计价或分摊调整是否已恰当记录 |
| 分类 | 资产、负债和所有者权益已记录于恰当的账户 | 资产、负债和所有者权益是否已记录于恰当的账户 |
| 列报 | 资产、负债和所有者权益已被恰当地汇总或分解且表述清楚,相关披露在适用的财务报告编制基础下是相关的、可理解的 | 资产、负债和所有者权益是否已被恰当地汇总或分解且表述清楚,相关披露在适用的财务报告编制基础下是否相关、可理解 |

### (四) 认定、具体审计目标和审计程序之间的关系举例

认定、具体审计目标和审计程序之间的关系举例如表1-10所示。

表1-10　　　　认定、具体审计目标和审计程序之间的关系举例

| 报表项目 | 认定类别 | 审计目标 | 审计程序 |
|---|---|---|---|
| 存货 | 存在 | 记录的存货是存在的 | 存货监盘 |
| 营业收入 | 完整性 | 记录的营业收入包括了所有已发货、客户已签收的交易 | 追查发运凭证、销售发票的编号、客户签收单以及营业收入明细账 |
| 营业收入 | 准确性 | 记录的营业收入是否基于正确的价格和数量,计算是否准确 | 比较商品价目表与销售发票上的价格、发运凭证与销售订单(或合同)上的数量是否一致,重新计算销售发票上的金额 |
| 营业收入 | 截止 | 销售业务记录在恰当的期间 | 比较上一年度最后几天和下一年度最初几天的发运凭证日期与营业收入明细账记账日期 |
| 固定资产 | 权利和义务 | 记录的固定资产属于被审计单位所有 | 查阅固定资产所有权证书、购货合同、结算单和保险单 |
| 应收账款 | 准确性、计价和分摊 | 以净值记录应收款项 | 检查应收账款账龄分析表、评估计提的坏账准备是否充足 |

# 任务五　制订审计计划

## 一、审计过程与审计程序

### (一) 审计过程

审计目标的实现与审计过程密切相关。审计过程,是指审计工作从开始到结束的整个过程,一般包括五个主要的阶段,具体内容如表1-11所示。

表1-11　　　　　　　　　审计过程的五个主要阶段

| 审计过程 | 主要工作 |
|---|---|
| 接受业务委托 | (1) 初步了解审计业务环境。在接受委托前,注册会计师应当初步了解审计业务环境。<br>(2) 业务承接。只有在了解后认为符合专业胜任能力、独立性和应有的关注等职业道德要求,并且拟承接的业务具备准则要求的所有5个特征时,注册会计师才能将其作为审计业务予以承接。<br>(3) 主要工作。包括:① 了解和评价审计对象的可审性;② 决策是否考虑接受委托;③ 商定业务约定条款;④ 签订审计业务约定书等 |
| 计划审计工作 | (1) 在本期审计业务开始时开展的初步业务活动。<br>(2) 制订总体审计策略。<br>(3) 制订具体审计计划等 |
| 评估重大错报风险 | (1) 了解被审单位及其环境。<br>(2) 识别和评估财务报表层次以及各类交易、账户余额、列报认定层次的重大风险,包括确定需要特别考虑的重大错报风险以及仅通过实质性程序无法应对的重大错报风险等 |

续表

| 审计过程 | 主 要 工 作 |
|---|---|
| 应对重大错报风险 | 注册会计师应当实施进一步审计程序,包括:<br>(1) 控制测试(必要时或决定测试时)。只有存在下列情形之一,控制测试才是必要的:<br>① 在评估认定层次重大错报风险时,预期控制的运行是有效的,注册会计师应当实施控制测试以支持评估结果;② 仅实施实质性程序不足以提供认定层次充分、适当的审计证据,注册会计师应当实施控制测试,以获取内控运行有效性的审计证据。<br>(2) 实质性程序。实质性程序包括实质性分析程序和交易、账户余额、列报的细节测试 |
| 编制审计报告 | (1) 审计期初余额、比较数据、期后事项和或有事项。<br>(2) 考虑持续经营问题和获取管理层声明。<br>(3) 汇总审计差异,并提请被审单位调整或披露。<br>(4) 复核审计工作底稿和财务报表。<br>(5) 与管理层和治理层沟通。<br>(6) 评价所有审计证据,形成审计意见。<br>(7) 编制审计报告等 |

### (二) 审计程序

审计程序是指注册会计师在审计过程中的某个时间,对将要获取的某类审计证据如何进行收集的详细指令。具体包括:① 获取有关信息准确性和完整性的审计证据;② 评价信息对实现注册会计师的目的是否足够准确和详细。

注册会计师利用审计程序获取审计证据涉及四个方面的决策:① 选用何种审计程序;② 对选定的审计程序,应当选取多大的样本;③ 应当从总体中选取哪些项目;④ 何时执行这些审计程序。

**1. 审计程序的目的**

按审计程序的目的可将注册会计师为获取充分、适当的证据而实施的审计程序分为:① 风险评估程序;② 控制测试(可以不);③ 实质性程序。

注册会计师应通过实施风险评估程序、控制测试(必要时或决定测试时)和实质性程序,获取充分、适当的证据,得出合理的审计结论,作为形成审计意见的基础。

**2. 总体审计程序**

根据获取审计证据的目的,审计程序可以分为风险评估程序、控制测试(必要时或决定测试时)和实质性程序,这些程序可以称之为总体审计程序。

**3. 具体审计程序**

具体审计程序包括检查、观察、询问、函证、重新计算、重新执行以及分析程序,在实施风险评估程序、控制测试或实质性程序时,注册会计师可根据需要单独或综合运用以下 7 种具体审计程序,以获取充分、适当的审计证据。

总体审计程序与具体审计程序的关系如图 1-1 所示。

同样,认定、审计目标、审计程序与审计证据之间的关系如图 1-2 所示。

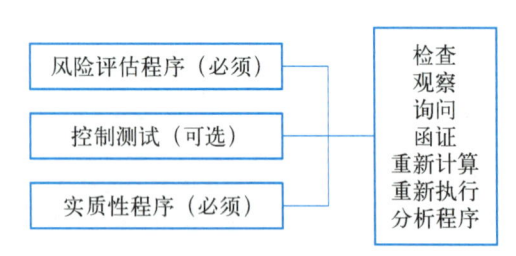

图 1-1 总体审计程序与具体审计程序的关系

```
认定  →  审计目标  →  审计程序  →  审计证据
 ①         ②          ③           ④
```

图 1-2　认定、审计目标、审计程序与审计证据之间的关系

## 二、开展初步业务活动

开展初步业务活动的内容主要有：
(1) 针对保持客户关系和具体审计业务，实施相应的质量控制程序。
(2) 评价遵守相关职业道德要求的情况。
(3) 就业务约定条款与被审计单位达成一致意见。

## 三、总体审计策略

根据获取的信息和初步评估的财务报表层次重大错报风险，制订执行业务的总体审计策略，包括确定审计范围、时间和方向。

## 四、具体审计计划

注册会计师应针对总体审计策略中所识别的不同事项，制订具体审计计划，并考虑通过有效利用审计资源以实现审计目标。制订总体审计策略和具体审计计划的过程紧密联系，并且两者的内容也紧密相关。

在实务中，注册会计师将制订总体审计策略和具体审计计划相结合进行，也可以采用将总体审计策略和具体审计计划合并为一份审计计划文件的方式，以提高编制及复核工作的效率，增强其效果。

## 五、计划和执行审计工作时的重要性

重要性，是指财务报表某项目的错报或遗漏会影响使用者据此作出经济决策的，该项目具有重要性。重要性应当根据企业所处环境，从项目的数量和性质两方面予以判断。重要性概念的具体内容如表 1-12 所示。

表 1-12　重要性概念的具体内容

| 项　目 | 含　义 |
| --- | --- |
| 错报(包括漏报) | 如果合理预期错报(包括漏报)单独或汇总起来可能影响财务报表使用者依据财务报表作出的经济决策，则通常认为错报是重大的 |
| 数量和性质 | ① 所谓数量方面，是指错报的金额大小；性质方面则是指错报的性质；<br>② 一般来说，金额大的错报比金额小的错报更重要；在有些情况下，某些金额的错报从数量上看并不重要，但从性质上考虑，则可能是重要的；<br>③ 对于某些财务报表披露的错报，难以从数量上判断是否重要，应从性质上考虑其是否重要 |
| 针对财务报表使用者决策的信息需求而言 | 判断某事项对财务报表使用者是否重大，是在考虑财务报表使用者整体共同的财务信息需求的基础上作出的；由于不同财务报表使用者对财务信息的需求可能差异很大，因此不考虑错报对个别财务报表使用者可能产生的影响 |

续 表

| 项　目 | 含　　义 |
|---|---|
| 对重要性的评估需要运用职业判断 | ① 影响重要性的因素很多,注册会计师应根据被审计单位面临的环境,并综合考虑其他因素,合理确定重要性水平;<br>② 不同的注册会计师在确定同一被审计单位财务报表层次和认定层次的重要性水平时,得出的结果可能不同;<br>③ 仅从数量角度考虑,重要性水平只是提供了一个门槛或临界点,在该门槛或临界点之上的错报就是重要的,反之该错报则不重要;<br>④ 重要性并不是财务信息的主要质量特征 |
| 可容忍错报 | 各类交易、账户余额、列报认定层次的重要性水平称为可容忍错报 |

## 六、错报

### (一) 错报的定义

错报,是指某一财务报表项目的金额、分类或列报,与按照适用的财务报告编制基础应当列示的金额、分类或列报之间存在的差异;或根据注册会计师的判断,为使财务报表在所有重大方面实现公允反映,需要对金额、分类或列报作出的必要调整。

### (二) 可能导致错报的事项

(1) 收集或处理用以编制财务报表的数据时出现错误。

(2) 遗漏某项金额或披露,包括不充分或不完整的披露,以及为满足特定财务报告编制基础的披露目标而被要求作出的披露(如适用)。

(3) 由于疏忽或明显误解有关事实导致作出不正确的会计估计。

(4) 注册会计师认为管理层对会计估计作出不合理的判断或对会计政策作出不恰当的选择和运用。

(5) 信息的分类、汇总或分解不恰当。

### (三) 错报的类别

为了帮助注册会计师评价审计过程中累积的错报的影响以及与管理层和治理层沟通错报事项,将错报区分为事实错报、判断错报、推断错报三种类别。

## 七、审计风险

审计风险是指财务报表存在重大错报而注册会计师发表不恰当审计意见的可能性。

### (一) 传统审计风险模型

在传统审计风险模式下,审计风险包括固有风险、控制风险和检查风险。

$$审计风险 = 固有风险 \times 控制风险 \times 检查风险$$

固有风险,是指在考虑相关的内部控制之前,某类交易、账户余额或披露的某一认定易于发生错报(该错报单独或连同其他错报可能是重大的)的可能性。

控制风险,是指某类交易、账户余额或披露的某一认定发生错报,该错报单独或连同其他错报是重大的,但没有被内部控制及时防止或发现并纠正的可能性。

**检查风险**，是指如果存在某一错报，该错报单独或连同其他错报可能是重大的，注册会计师为将审计风险降至可接受的低水平而实施程序后没有发现这种错报的风险。

### (二) 现代风险导向审计模型

在风险导向审计模型下，审计风险取决于重大错报风险和检查风险。

$$审计风险 = 重大错报风险 \times 检查风险$$

### (三) 两个层次的重大错报风险

重大错报风险包括财务报表和认定两个层次，具体内容如表 1-13 所示。

表 1-13　　　　　　　　两个层次的重大错报风险

| 重大错报风险 | 具 体 含 义 |
|---|---|
| 财务报表层次 | ① 与财务报表整体存在广泛联系，可能影响多项认定；<br>② 通常与控制环境有关，但也可能与其他因素有关，如经济萧条；<br>③ 难以界定于某类交易、账户余额和披露的具体认定；<br>④ 增大了认定层次发生重大错报的可能性，与注册会计师考虑由舞弊引起的风险尤其相关 |
| 认定层次 | ① 确定进一步审计程序的性质、时间安排和范围；<br>② 在各类交易、账户余额和披露认定层次获取审计证据，以便能够在审计工作完成时，以可接受的低审计风险水平对财务报表整体发表审计意见；<br>③ 认定层次的重大错报风险又可以进一步细分为固有风险和控制风险 |

# 练 习 题

## 任务一　认知审计的起源与发展

### 一、单项选择题

1. 注册会计师审计起源于(　　)。

  A. 美国　　　　　　B. 英国　　　　　　C. 意大利　　　　　　D. 西班牙

2. 英式审计的主要目的是(　　)。

  A. 查错防弊　　　　　　　　　　　　B. 了解企业信用状况

  C. 保护投资者利益　　　　　　　　　D. 对财务报表发表审计意见

3. 下列关于审计方法的描述中，不恰当的是(　　)。

  A. 审计方法从账项基础审计发展到风险导向审计，都是注册会计师为了适应审计环境的变化而作出的调整

  B. 账项基础审计的重心在资产负债表，旨在防止和发现舞弊和错误，审计方法是抽样审计

  C. 内部控制测试和评价构成了制度基础的审计方法的重要组成部分

  D. 风险导向审计要求注册会计师将审计资源分配到最容易导致财务报表出现重大错报的领域

4. 以下关于注册会计师审计方法的理解中,不恰当的是(　　)。
   A. 20世纪初的英国审计方法是详细审计
   B. 详细审计主要围绕会计的凭证、账簿和财务报表的编制进行
   C. 制度基础审计方法运用时不再实施详细审计而是抽样审计
   D. 风险导向审计方法以审计风险模型为基础

5. 下列提法中,正确的是(　　)。
   A. 政府审计是独立性最强的一种审计
   B. 会计报表的合法性是报表使用者最为关心的
   C. 注册会计师的审计意见应合理保证会计报表的可靠程度
   D. 内部审计在审计内容、审计方法等方面与外部审计具有一致性

6. 我国"审计"这个名词正式出现是在(　　)。
   A. 西周　　　　B. 汉朝　　　　C. 宋朝　　　　D. 清朝

7. 一般认为,世界上第一个会计师职业团体是(　　)。
   A. 爱丁堡会计师协会　　　　　　B. 美国注册公共会计师协会
   C. 东京会计师协会　　　　　　　D. 蒙特利尔会计师协会

8. 我国历史上第一位注册会计师是(　　)。
   A. 谢霖　　　　B. 司马迁　　　C. 大禹　　　　D. 宰夫

9. 与财政财务审计相比较,财经法纪审计更加突出的审计目标是(　　)。
   A. 真实性　　　B. 合法性　　　C. 效益性　　　D. 公允性

## 二、多项选择题

1. 关于审计的分类可以从不同角度加以考察,下列对审计分类的表述中,恰当的有(　　)。
   A. 审计按主体的不同可分为国家审计、内部审计和注册会计师审计
   B. 审计按目的的不同可分为合理保证审计和有限保证审计
   C. 审计按内容的不同可分为财务报表审计、经营审计和合规性审计
   D. 审计按与被审计单位的关系不同可分为内部审计和外部审计

2. 关于注册会计师审计的起源与发展,下列表述中正确的有(　　)。
   A. 注册会计师审计起源于意大利股份制企业制度
   B. 注册会计师审计形成于英国的资本市场
   C. 注册会计师审计是伴随着资本主义生产力的发展而产生和发展起来的
   D. 注册会计师审计产生的直接原因是财产所有权与经营权的分离

3. 关于注册会计师审计,下列描述中,正确的有(　　)。
   A. 注册会计师审计是指注册会计师依法接受委托,对被审计单位的会计报表及相关资料进行独立审查并发表意见
   B. 注册会计师审计也称独立审计
   C. 注册会计师审计也称民间审计
   D. 注册会计师审计往往是可选择审计

4. 下列职能不属于我国审计职能范畴的有(　　)。
   A. 经济监督　　B. 经济司法　　C. 经济鉴证　　D. 经济预测

5.经济效益审计可以(　　　)进行。
   A. 事前、事中　　　B. 事后　　　C. 预告　　　D. 突击
6.会计师事务所对企业年度财务报表的审计可以属于(　　　)。
   A. 财政财务审计　　B. 事后审计　　C. 外部审计　　D. 内部审计
7.注册会计师在进行年度会计报表审计时,应对被审计单位的内部审计进行了解,并可以利用内部审计的工作成果,这是因为(　　　)。
   A. 内部审计是注册会计师审计的基础
   B. 内部审计是被审计单位内部控制的重要组成部分
   C. 内部审计和注册会计师审计在工作上具有一定程度的一致性
   D. 利用内部审计的工作成果可以提高注册会计师审计的工作效率
8.国家审计与独立审计无法相互替代,是因为它们存在着区别。这种区别主要表现在(　　　)。
   A. 两者的审计目标不同
   B. 两者的审计标准不同
   C. 两者的取证权限不同
   D. 两者对发现问题的处理方式不同
9.下列各项中,属于我国历史上与审计相关的职务或部门有(　　　)。
   A. 宰夫　　　　　B. 司会　　　　　C. 比部　　　　　D. 衙役

## 三、判断题

1.组织内部的分权委托关系,是内部审计产生和存在的客观基础或前提条件。(　　)

2.由于职业判断贯穿注册会计师审计工作的全过程,并且可能得到的审计证据有很多是说服性而非结论性的,因此,注册会计师的任何审计意见都不能绝对保证会计报表使用人确定已审计会计报表的可靠程度。(　　)

3.审计机关经县级以上人民政府审计机关负责人批准,有权查询被审计单位在金融机构的账户。(　　)

4.在我国,注册会计师不能以个人名义承办业务,而必须由会计师事务所统一接受委托。(　　)

5.单位主要负责人或者权力机构在管理权限范围内,授予内部审计机构必要的处理、处罚权。(　　)

6.注册会计师对会计报表的审计并非专为发现错误或舞弊,但注册会计师应当实施适当的审计程序,以合理确信能够发现导致会计报表严重失实的错误与舞弊。(　　)

7.注册会计师执行鉴证业务的目的是改善信息的质量或内涵,以增强除责任方之外的预期使用者对鉴证对象信息的信任程度,而不涉及为如何利用信息提供建议。(　　)

## 四、简答题

1.如何理解审计的含义?
2.审计的分类标准有哪些?
3.审计的本质是什么?
4."南海公司"事件对审计的产生有何意义?

## 任务二  认知审计监督体系

### 一、单项选择题

1. 下列关于国家审计的说法中,不恰当的是(    )。
   A. 国家审计是对单位的财政收支或者财务收支的真实、合法和效益依法进行的审计
   B. 国家审计的审计依据是审计法和国家审计准则
   C. 国家审计对违反国家规定的财政收支、财务收支行为,需要依法给予处理、处罚的,在法定职权范围内作出审计决定或者向有关主管机关提出处理、处罚意见
   D. 国家审计在获取审计证据的时候很大程度上依赖于被审计单位的配合和协助,对被审计单位没有行政强制力

2. 下列说法中,不正确的是(    )。
   A. 在我国,注册会计师只有加入事务所才能执业
   B. 在我国,注册会计师不能以个人名义承接业务
   C. 在我国,注册会计师对会计师事务所的债务承担连带责任
   D. 在我国,注册会计师执业资格并不是终身制

3. 下列关于注册会计师审计的提法中,不恰当的是(    )。
   A. 注册会计师审计是由会计师事务所和注册会计师实施的审计
   B. 财产所有权与经营权的分离是注册会计师审计产生的直接原因
   C. 注册会计师审计独立于政府和任何企业或经济组织
   D. 注册会计师审计的产生早于政府审计

4. 在下列审计类型中,具有营利性的审计是(    )。
   A. 国家审计机关对于国家投资的高速公路的审计
   B. 大型企业集团内部审计部门对于下属子公司的经营审计
   C. 国家审计机关对于党政干部的离任审计
   D. 注册会计师接受委托对按照计税基础编制的财务报表进行的审计

5. 下列关于国家审计与注册会计师审计的论断中,正确的是(    )。
   A. 两者的经费和收入来源相同
   B. 两者的审计目标基本一致
   C. 两者都是外部审计,都具有较强的独立性
   D. 两者对发现问题的处理方式相同

6. 下列关于注册会计师审计与国家审计的相关表述中,正确的是(    )。
   A. 国家审计是审计机关审定审计报告,对审计事项作出评价,出具审计意见书
   B. 报表的合法性是报表使用者最为关心的
   C. 注册会计师应保证财务报表的可靠程度
   D. 国家审计是独立性最强的一种审计

7. 注册会计师进行年度财务报表审计时,应对被审计单位的内部审计进行了解,并可以利用内部审计的工作成果,这是因为(    )。
   A. 内部审计和注册会计师审计在工作上是完全一致的
   B. 利用内部审计工作成果可以提高注册会计师的工作效果
   C. 内部审计的独立性比注册会计师审计差

D. 内部审计是被审计单位内部控制的重要组成部分

8. 下列关于注册会计师审计及内部审计的说法中，不正确的是（　　）。

A. 注册会计师应当对发表的审计意见独立承担责任，但其责任可因为利用内部审计工作而减轻

B. 注册会计师应当考虑内部审计活动及其可能对注册会计师审计程序的影响

C. 内部审计的范围和目标因被审计单位的规模、组织结构和管理层需求的不同而存在很大差异

D. 注册会计师应当充分了解内部审计工作，以识别和评估财务报表重大错报风险，并设计和实施进一步的审计程序

## 二、多项选择题

1. 下列各项关于注册会计师审计作用的理解中，不恰当的有（　　）。

A. 注册会计师审计可以提高财务信息的可信度

B. 注册会计师审计可以保证财务信息不存在重大错报

C. 注册会计师审计没有必要考虑财务信息是否违反法律法规

D. 注册会计师审计可以通过降低不准确信息的流转时间或阻止其传播从而保证市场的效率

2. 下列关于注册会计师财务报表审计的理解中，正确的有（　　）。

A. 审计的主体是具有专业胜任能力的独立审计人员

B. 审计的既定标准是企业会计准则和相应的会计制度

C. 审计的主要目的是对财务报表的合法性和公允性发表意见

D. 审计的本质是一个系统化的过程

3. 下列关于注册会计师审计的说法中，正确的有（　　）。

A. 财务报表审计中用到的标准通常是审计准则

B. 财务报表审计出具的审计报告也可以供管理层进行内部决策

C. 从某种意义上说，经营审计更像是管理咨询

D. 合规性审计的结果通常报送给被审计单位管理层或者外部特定使用者

4. 下列关于注册会计师审计与其他审计的关系的表述中，错误的有（　　）。

A. 内部审计属于单向独立，注册会计师审计属于双向独立，后者独立性高于前者

B. 注册会计师审计和国家审计在取证权限上存在不同，国家审计有权就审计事项的有关问题向被审计单位和个人进行调查；注册会计师审计需要获取被审计单位及其相关单位的配合和协助，没有行政强制力

C. 注册会计师审计和国家审计的区别主要在于审计目标、审计标准、审计经费和收入来源、取证权限、发现问题的处理方式等方面

D. 注册会计师审计的过程中，可以直接相信内部审计的结论，因为两者的工作上存在一定的一致性

5. 下列关于注册会计师审计、国家审计和内部审计的相关表述中，正确的有（　　）。

A. 注册会计师在审计时，必须了解内部审计的设置和工作情况

B. 国家审计是独立性最强的一种审计，其审计意见更可靠

C. 内部审计在审计内容、审计方法等方面与外部审计具有相似之处

D. 注册会计师审计与政府审计所获取的证据可靠程度是相同的

6. 国家审计、内部审计、注册会计师审计共同构成了审计的监督体系。其中,国家审计与注册会计师审计存在区别的方面有(　　)。
　　A. 对发现问题的处理方式　　　　　　B. 对内部审计进行了解
　　C. 审计中取证的权限　　　　　　　　D. 审计要实现的目标

7. 注册会计师在进行年度财务报表审计时,应对被审计单位的内部审计进行了解,并可以利用内部审计的工作成果,这是因为(　　)。
　　A. 只有内部审计是注册会计师审计的基础
　　B. 内部审计是被审计单位内部控制的重要组成部分
　　C. 内部审计和注册会计师审计在工作上具有一定程度的一致性
　　D. 利用内部审计的工作成果可以提高注册会计师审计的工作效率

8. 就审计的独立性进行分析,下列说法中,正确的有(　　)。
　　A. 国家审计的独立性高于注册会计师审计
　　B. 内部审计的独立性低于注册会计师审计与国家审计
　　C. 国家审计是单向独立,它仅仅与被审计单位独立,与审计委托者不独立
　　D. 注册会计师审计是双向独立,它独立于被审计单位和审计委托者

9. 下列审计业务中,属于合规性审计业务的有(　　)。
　　A. 审查与银行签订的合同,确定被审计单位是否遵守法定要求
　　B. 对计算机信息系统进行审计,并向被审计单位管理层提出经营管理建议
　　C. 检查工资率是否符合工资法规定的最低限额
　　D. 执行审计工作,对财务报表是否按照规定的标准编制发表审计意见

10. 下列有关我国的注册会计师审计的说法中,正确的有(　　)。
　　A. 会计师事务所接受财政部门的管理,在财政部门的领导下工作
　　B. 注册会计师必须加入会计师事务所才能执行注册会计师审计业务
　　C. 注册会计师审计在业务上具有较高的独立性、客观性和公正性
　　D. 必要时注册会计师可以在法定职权范围内向有关主管机关提出对被审计单位的处理、处罚意见

11. 下列关于风险导向审计的说法中,正确的有(　　)。
　　A. 风险导向审计以审计风险模型为基础
　　B. 风险导向审计以控制测试为中心
　　C. 风险导向审计从理论上解决了审计抽样的随意性问题
　　D. 风险导向审计改善了审计资源的分配

## 三、判断题

1. 中国注册会计师审计准则体系所规范的所有内容均属于法定要求,只要注册会计师执行审计业务,对外出具审计报告,就都要遵照执行。(　　)

2. 会计师事务所应根据注册会计师审计准则对审计项目进行审计,以使各审计项目的审计工作遵照审计质量控制准则进行。(　　)

3. 《中国注册会计师职业道德规范》是具有强制性的。(　　)

4. 在计算机信息系统环境下执行会计报表审计业务时,由于计算机信息系统对审计具

有重大影响,注册会计师应当根据需要对审计范围作出适当调整,但不应改变审计目标。
(    )

5. 注册会计师的审计意见,只能为确定已审计会计报表的可靠程度、被审计单位持续经营能力及其经营效率和效果提供合理保证,而不能提供绝对保证。        (    )

6. 注册会计师对于在审计过程中得到的资料和情况,除非得到委托单位的书面允许,否则不得提供或泄露给第三方,也不能将其用于私人目的。        (    )

7. 会计师事务所为某企业提供会计服务后,就不得接受该企业当年度的审计委托。
(    )

8. 会计师事务所到外地承办审计业务,无须经当地任何政府部门的批准。    (    )

## 任务三　认知注册会计师的职业道德与法律责任

### 一、单项选择题

1. 下列选项中,不符合专业胜任能力要求的是(　　)。
   A. 在执行财务报表审计时,对或有事项向相关律师进行咨询
   B. 在对特殊存货进行计价测试时,请专业评估师帮助确认存货计价
   C. 在执行财务报表审计时,在某特殊审计领域向有经验的其他注册会计师寻求帮助
   D. 在对某集团合并财务报表进行审计时,由于该会计师事务所从未审计过合并财务报表,向其他会计师事务所有经验的注册会计师寻求帮助

2. 除非法律法规允许或要求,注册会计师应当(　　)的责任。
   A. 转嫁承担保管客户资金或其他资产
   B. 拒绝承担保管客户资金或其他资产
   C. 接受承担保管客户资金或其他资产
   D. 与公司商讨是否拒绝承担保管客户资金或其他资产

3. 如果注册会计师与客户存在直接竞争关系,或与客户的主要竞争者存在合营或类似关系,同时为存在利益冲突、对所涉交易或事项存在争议的两个或多个客户提供服务,同样可能对(　　)原则产生不利影响。
   A. 客观和独立　　　　　　　　B. 客观和专业胜任能力
   C. 客观和保密　　　　　　　　D. 客观和诚信

4. 会计师事务所对无法胜任或不能按时完成的业务,应(　　)。
   A. 聘请其他专业人员帮助　　　B. 转包给其他会计师事务所
   C. 减少业务收费　　　　　　　D. 拒绝接受委托

5. 注册会计师在审计过程中,对固定资产符合性测试和实质性测试都合格,但有一笔20 000元错误未能查出,从而影响个别财务报表使用者的决策,而其重要性水平是200 000元,注册会计师对该法律责任认定为(　　)。
   A. 没有过失　　B. 普通过失　　C. 重大过失　　D. 欺诈

6. A上市公司是甲会计师事务所的常年审计客户,2022年2月在完成审计工作后,审计项目合伙人林夕拟加入该客户担任财务负责人,以下情形中,不会损害独立性的是(　　)。
   A. 林夕离开审计项目组后,甲公司发布了2022年3月份的月报
   B. 林夕离开审计项目组后,甲公司发布了2022年第二季度的季报

C. 林夕离开审计项目组后,甲公司发布了 2022 年上半年的年报
D. 林夕离开审计项目组后,甲公司发布了 2022 年年报

7. 如果财务报表有多处错误事项,每一处的影响都不算大,但综合起来对财务报表的影响就较大,财务报表作为一个整体可能严重失实,注册会计师已经执行了审计准则规定的程序,但未能将错误事项查出来,则注册会计师负有的责任是(　　)。
  A. 没有过失   B. 重大过失   C. 普通过失   D. 欺诈

8. 如果被审计单位的财务报表中存在重大错报,则下列情况中,很可能在诉讼中被判为重大过失的是(　　)。
  A. 注册会计师运用常规审计程序通常能够发现该错报但未发现
  B. 审计人员确实遵守了审计准则,但提出错误的审计意见
  C. 注册会计师明知道存在重大错报却出具无保留意见的审计报告
  D. 注册会计师基本上遵循了审计准则的相关要求

9. 会计师事务所质量控制制度中关于鉴证业务独立性的下述表述中,不正确的是(　　)。
  A. 会计师事务所应当每年至少一次向所有受独立性要求约束的人员获取其遵守独立性政策和程序的书面确认函
  B. 对所有的上市公司财务报表审计,按照法律法规的规定定期轮换项目负责人
  C. 会计师事务所制订的有关独立性的政策和程序,针对的是内部人员,不包括外聘专家
  D. 当有其他会计师事务所参与执行部分业务时,会计师事务所可以考虑向其获取有关独立性的书面确认函

10. 下列关于职业道德的提法中,正确的是(　　)。
  A. 会计师事务所收费报价的高与低,一定不会对专业胜任能力和应有的关注产生不利影响
  B. 注册会计师在营销专业服务时,不应比较贬低其他会计师事务所
  C. 会计师事务所的高级管理人员可以担任鉴证客户的独立董事
  D. 注册会计师至少应口头承诺对在执行业务过程中知悉的客户信息保密

11. 甲公司与 ABC 会计师事务所签订了合同,审计其 2022 年财务报表,在实施了相关的审计程序之后,获取了充分、适当的审计证据,ABC 会计师事务所拟发表保留意见的审计报告,因甲公司为上市公司,对该审计意见不是很满意,因此,拟寻求 XYZ 会计师事务所提供第二次意见,XYZ 会计师事务所应当评价不利影响的重要程度,并在必要时采取防范措施消除不利影响或将其降至可接受水平。防范措施中不包括(　　)。
  A. 直接与 ABC 会计师事务所进行沟通
  B. 在与甲公司的沟通函件中,阐述注册会计师意见的局限性
  C. 征得甲公司同意,与 ABC 会计师事务所进行沟通
  D. 向 ABC 会计师事务所提供第二次意见的复印件

12. 2022 年 10 月 2 日,乙公司拟委托 ABC 会计师事务所审计其 2022 年财务报表,在 ABC 会计师事务所了解乙公司相关情况时,10 月 5 日又接到丙公司委托请求审计其 2022 年财务报表,ABC 会计师事务所了解到乙公司和丙公司为竞争对手,则(　　)。
  A. ABC 会计师事务所应拒绝接受乙公司委托
  B. ABC 会计师事务所应拒绝接受丙公司委托
  C. ABC 会计师事务所应当告知乙公司和丙公司这一情况,如果获得乙公司和丙公司的

同意,才能在此情况下执行业务

D. 不影响 ABC 会计师事务所对职业道德基本原则的遵循,可以直接承接

13. 会计师事务所承接了具体的某项审计业务后,应当有相应的业务层面的防范措施来确保消除或降低对独立性的不利影响。下列防范措施中,可能无效的是(　　)。

A. 由审计项目组以外的更有经验的注册会计师复核已执行的审计工作

B. 向被审计单位的独立董事进行独立第三方咨询

C. 向被审计单位的治理层披露服务性质

D. 与被审计单位的管理层讨论职业道德问题

14. 注册会计师应当评价已识别对客观性的不利影响的重要程度并在必要时采取防范措施消除不利影响或将其降至可接受水平。下列防范措施中,不能降低不利影响的是(　　)。

A. 与会计师事务所内部高级管理层讨论该事项

B. 与客户管理层讨论可能产生不利影响的事项

C. 终止产生不利影响的经济利益

D. 退出项目组

15. 在下列情况下,披露客户信息违反了保密原则的是(　　)。

A. 为后任注册会计师提供审计准则所要求的沟通内容,沟通前未征得客户的同意

B. 为法律诉讼出示文件或提供证据

C. 在会计师事务所的手册中列示为客户的某项目做咨询成功的案例和相关业务数据,且已取得客户的授权

D. 接受注册会计师协会或监管机构的质量检查提供为客户的审计工作底稿

16. 保密原则要求会员应当对因职业关系和商业关系而获知的信息予以保密。下列情形对保密原则构成了不利影响的是(　　)。

A. 职业规范允许的情况下向第三方披露由于职业关系或商业关系获知的涉密信息

B. 法律法规允许的情况下向第三方披露由于职业关系或商业关系获知的涉密信息

C. 利用因商业关系而获知的涉密信息为第三方谋取利益

D. 对其预期的雇佣单位的信息予以保密

## 二、多项选择题

1. 下列有关注册会计师避免法律诉讼的具体措施中,正确的有(　　)。

A. 保持良好的职业道德,严格遵循专业标准的要求执行业务,出具报告

B. 深入了解被审计单位所在行业的情况及被审计单位的业务

C. 会计师事务所承接任何业务时,都必须按照业务约定书准则的要求与委托人签订业务约定书

D. 注册会计师必须审慎选择被审计单位,尤其对陷入财务和法律困境的被审计单位要特别注意

2. 会计师事务所能够证明以下情形之一时,可以不承担责任的有(　　)。

A. 已经遵守执业准则、规则确定的工作程序并保持必要的职业谨慎,但仍未能发现被审计单位的会计资料错误

B. 审计业务所必须依赖的金融机构等单位提供虚假或不实的证明文件,注册会计师未

能发现虚假或不实

　　C. 已对被审计单位的舞弊迹象提出警告并在审计报告中予以指明

　　D. 为登记时未出资或者未足额出资的出资人出具不实报告,但出资人在登记时已补足出资

3. 在下列情形中,应认定会计师事务所与被审计单位承担连带责任的有(　　　)。

　　A. 与被审计单位恶意串通

　　B. 明知被审计单位对重要事项的财务会计处理与国家有关规定相抵触,而不予指明

　　C. 明知被审计单位示意作不实报告,而不予拒绝

　　D. 未根据执业准则、规则执行必要的审计程序

4. 下列关于注册会计师法律责任认定的相关说法中,不正确的有(　　　)。

　　A. 如果被审计单位管理层精心策划和掩盖舞弊行为,注册会计师尽管完全按照审计准则执业,有时也不能发现某项重大舞弊行为,则注册会计师仍然存在过失,需要承担法律责任

　　B. 证券服务机构为证券的发行、上市、交易等证券业务活动制作、出具的审计报告如有虚假记载、误导性陈述或者重大遗漏,给他人造成损失的,无论何种原因均应当与发行人、上市公司承担连带赔偿责任

　　C. 只要注册会计师未查出被审计单位财务报表中的错报,就必须承担法律责任

　　D. 注册会计师明知委托单位的财务报表有重大错报,却加以虚伪的陈述,仍出具无保留意见的审计报告,应属于重大过失

5. 下列关于会计师事务所和注册会计师法律责任的说法中,恰当的有(　　　)。

　　A. 违约、过失和欺诈是引起注册会计师的法律责任的重要原因

　　B. 对会计师事务所来说,民事责任一般是指经济赔偿

　　C. 对注册会计师来说,行政责任包括警告、暂停执业、吊销注册会计师证书以及罚款

　　D. 一般来说,因违约和过失可能引起注册会计师的行政责任和民事责任,因欺诈可能引起注册会计师的民事责任和刑事责任

6. 甲会计师事务所承接 A 公司 2022 年度财务报表审计业务,审计项目组成员李强的妻子在 A 公司财务部担任成本核算一职,针对可能对独立性产生的不利影响,项目组以下做法中,正确的有(　　　)。

　　A. 评价不利影响的严重程度

　　B. 合理安排李强的工作,让其负责投资和筹资循环的审计

　　C. 合理安排李强的工作,让其负责生产与存货循环的审计

　　D. 将李强调离审计项目组

7. 2022 年 3 月,甲会计师事务所接受委托,对 A 公司 2021 年度财务报表进行审计,项目组成员王英曾于 2021 年 3 至 10 月担任 A 公司出纳,针对该情形,以下说法中,正确的有(　　　)。

　　A. 该事项会因自我评价对独立性产生不利影响

　　B. 该事项会因自身利益对独立性产生不利影响

　　C. 该事项会因密切关系对独立性产生不利影响

　　D. 会计师事务所需要将王英调离项目组

8. 在会计师事务所为审计客户提供的以下税务服务中,不会对独立性产生不利影响的情形有(　　　)。

A. 会计师事务所代表审计客户解决税务纠纷,税务机关拒绝接受其对某项具体问题的主张,并通知审计客户已将该问题纳入正式的法律程序

B. 会计师事务所人员在公开审理或仲裁的税务纠纷中担任审计客户的辩护人,并且所涉金额对被审计财务报表重大

C. 在公开审理或仲裁期间,会计师事务所为审计客户提供有关法庭裁决事项的咨询

D. 在公开审理或仲裁期间,会计师事务所协助客户对法庭提出的具体问题作出答复

9. 在下列事项中,将因自我评价对独立性产生不利影响的事项有(　　)。

A. 会计师事务所为审计客户制订内部审计政策或内部审计活动的战略方针

B. 会计师事务所为审计客户指导该客户内部审计员工的工作并对其负责

C. 会计师事务所代表管理层向治理层报告内部审计活动的结果

D. 会计师事务所执行构成内部控制组成部分的程序

10. ABC会计师事务所在2022年1月10日承接了丁公司2021年财务报表审计业务,因为双方合作愉快,丁公司答应为ABC会计师事务所介绍客户,ABC会计师事务所承接后会给丁公司支付一定的介绍费,在这种情况下,(　　)。

A. 会对客观和公正原则以及专业胜任能力和勤勉尽责原则产生非常严重的不利影响

B. ABC会计师事务所应当采取防范措施消除不利影响或将其降至可接受水平

C. 不会对职业道德基本原则的遵循产生不利影响

D. 这种影响非常重大,没有防范措施可以消除不利影响或将其降至可接受水平

11. 当已识别出违反职业道德基本原则的不利影响超出可接受水平时,注册会计师可能(　　)。

A. 采取防范措施消除不利影响

B. 采取防范措施将不利影响降至可接受水平

C. 终止业务约定

D. 拒绝接受业务委托

12. 下列对职业道德基本原则产生不利影响的具体情形中,由外在压力因素导致的情形有(　　)。

A. 会计师事务所受到客户解除业务关系的威胁

B. 注册会计师被告知,除非其同意审计客户某项不恰当的会计处理,否则计划中的晋升将受到影响

C. 由于客户对所沟通的事项更具有专长,注册会计师面临服从该客户判断的压力

D. 会计师事务所的高级员工长期与某一鉴证客户发生关联

13. 下列情形中,属于产生过度推介导致的不利影响的有(　　)。

A. 注册会计师推介客户的产品、股份或其他利益

B. 注册会计师接受了客户赠予的重要礼品,并被威胁将公开其收受礼品的事情

C. 注册会计师与客户之间存在密切的商业关系

D. 当客户与第三方发生诉讼或纠纷时,注册会计师担任该客户的辩护人

## 三、简答题

1. 根据表1-14,填写对职业道德基本原则不利影响的因素。

表 1-14　　　　　　　对职业道德基本原则不利影响的因素

| 序号 | 内　容 | 情　形 |
| --- | --- | --- |
| 1 | 自身利益导致的不利影响 |  |
| 2 | 自我评价导致的不利影响 |  |
| 3 | 过度推介导致的不利影响 |  |
| 4 | 密切关系导致的不利影响 |  |
| 5 | 外在压力导致的不利影响 |  |

2.简述注册会计师避免法律诉讼的对策有哪些？

### 四、案例题

甲、乙、丙三位出资人共同投资设立丁有限责任公司(以下简称"丁公司")。甲、乙出资人按照出资协议的约定按期缴纳了出资额,丙出资人通过与银行串通编造虚假的银行进账单,虚构了出资。ABC 会计师事务所的分支机构接受委托对拟设立的丁公司的注册资本进行审验,并委派 A 注册会计师担任项目组负责人。审验过程中,A 注册会计师按照执业准则的要求,实施了检查文件记录、向银行函证等必要的程序,保持了应有的职业谨慎,但未能发现丙出资人的虚假出资情况。A 注册会计师在出具的验资报告中认为,各出资人已全部缴足出资额,并在验资报告的说明段中注明"本报告仅供工商登记使用"。丁公司注册登记半年后,丙出资人补足虚构的出资额。一年后,乙出资人抽逃其全部出资额。两年后,丁公司因资金短缺和经营不善等原因导致资不抵债,无力偿付戊供应商的材料款。戊供应商以 ABC 会计师事务所出具不实验资报告为由,向法院提供民事诉讼,要求 ABC 会计师事务所承担连带赔偿责任。ABC 会计师事务所提出三项抗辩理由,要求免于承担民事责任：一是审验工作乃分支机构所为,与本事务所无关；二是戊供应商与本事务所及分支机构不存在合约关系,因而不是利害关系人；三是验资报告已经注明"仅供工商登记使用",戊供应商因不当使用验资报告而遭受损失与本事务所无关。

要求：回答下列问题,并简要说明理由：

(1)戊供应商可以对哪些单位或个人提起民事诉讼？

(2)ABC 会计师事务所提供的抗辩理由是否成立？

(2)ABC 会计师事务所是否可以免于承担民事责任？

## 任务四　确定审计目标

### 一、单项选择题

1.(　　)是指管理层在财务报表中作出的明确或隐含的表达,注册会计师将其用于考虑可能发生的不同类型的潜在错报。

A.认定　　　　　　B.审计目标　　　　　　C.错报　　　　　　D.披露

2.注册会计师对商品实际发货数量与开票数量进行定期核对调节的程序本身就足以销售流程中"存在性"这一目标提供合理保证,并且也能对销售流程中"(　　)"这一目标提供合理保证。

A. 完整性　　　　B. 准确性　　　　C. 计价性　　　　D. 可理解性

3. 下列认定仅仅与列报和披露相关的是(　　)。
  A. 存在　　　　　　　　　　　　B. 准确性
  C. 截止　　　　　　　　　　　　D. 分类和可理解性

4. 注册会计师通过应收账款的账龄分析这一审计程序，最可能证实管理层对财务报表应收账款项目的(　　)认定。
  A. 存在　　　　B. 完整性　　　　C. 准确性　　　　D. 计价和分摊

5. 在审计上市公司的财务报表时，注册会计师决定将高估资产和收入作为审查重点。则注册会计师对以下各项目中的(　　)应以核实是否发生为主。
  A. 应收账款　　B. 所有者权益　　C. 营业成本　　D. 营业收入

6. 注册会计师通过抽查应收账款明细账，并追查至有关原始凭证，查证被审计单位有无不属于结算业务的债权，这样的审计程序是为了证实应收账款的(　　)认定。
  A. 完整性　　　B. 存在　　　　　C. 计价和分摊　　D. 权利和义务

7. 在对存货实施监盘程序时，发现被审计单位购进商品一批，但却没有在账面上反映，注册会计师针对管理层对存货账户相关认定的审计目标是(　　)。
  A. 存在　　　　B. 完整性　　　　C. 计价和分摊　　D. 发生

8. 被审计单位将固定资产已作抵押，但未在财务报表附注中披露，则注册会计师认为主要违反了(　　)认定。
  A. 完整性　　　　　　　　　　　B. 分类和可理解性
  C. 准确性和计价　　　　　　　　D. 存在

9. 注册会计师审计甲公司的财务报表时，发现甲公司将2021年12月31日已经发生的一笔赊销业务记入2022年1月3日的"主营业务收入"账户，注册会计师认为2021年该交易的认定出现错误的是(　　)。
  A. 分类　　　　B. 计价和分摊　　C. 截止　　　　　D. 发生

10. 在以下审计程序中，注册会计师最有可能获取固定资产存在的审计证据的是(　　)。
  A. 以检查固定资产实物为起点，检查固定资产明细账和相关凭证
  B. 复核固定资产减值准备明细表，并与总账数和明细账合计数核对
  C. 以检查固定资产明细账为起点，检查固定资产实物和相关凭证
  D. 询问被审计单位的管理层和生产部门

11. 注册会计师所确定的以下具体审计目标中，(　　)是关于期末账户余额相关的完整性认定推论得出的。
  A. 营业收入是否记录于恰当的账户
  B. 存货是否已经适当地计提了存货跌价准备
  C. 存放在其他企业的存货是否包含在存货项目内
  D. 新购进的固定资产是否存在

12. 下列属于注册会计师审查收入截止目标的情况的是(　　)。
  A. 将未曾发生的销售登记入账
  B. 将已经发生的销售业务不登记入账
  C. 将下年的收入列入本期收入

D. 将本年的利息收入列为营业收入

13. 如果被审计单位将应记入 X 项目的业务错记入同一会计期间的 Y 项目,则以下说法,不正确的是(　　)。

　　A. X 项目违反了完整性认定
　　B. Y 项目违反了存在性认定
　　C. 被审计单位违反了分类或分类的可理解性认定
　　D. 被审计单位违反了截止性认定

14. 注册会计师对资产类财务报表项目存在性认定获取审计证据时,细节测试的方向是(　　)。

　　A. 从财务报表到尚未记录的项目　　B. 从尚未记录的项目到财务报表
　　C. 从会计记录到支持性证据　　　　D. 从支持性证据到会计记录

15. 注册会计师在审查销售业务时,发现甲公司销售给乙公司一批商品的销售收入记录了 100 万元,通过实质性程序确认,该笔销售实际取得收入 90 万元(将 10% 的商业折扣也计入了销售收入),这违反了营业收入的(　　)认定。

　　A. 发生　　　　B. 完整性　　　　C. 准确性　　　　D. 计价和分摊

16. 在被审计单位发生的下列事项中,违反管理层对所属项目的"计价和分摊"认定的是(　　)。

　　A. 将短期租入的固定资产原值 80 万元记入"固定资产"账户
　　B. 将应付天成公司的款项 280 万元记入甲公司名下
　　C. 未将向外单位拆借的 120 万元款项列入所属项目
　　D. 将应收账款 420 万元记为 360 万元

17. 按照注册会计师独立审计准则的相关规定,保护资产的安全与完整属于被审计单位的责任。具体到生产所需的贵重原材料来说,被审计单位应采取包括上锁、贴封条、昼夜看管、远红外监控等在内的措施。这些措施的实施将直接有助于被审计单位管理层实现其对于原材料项目的(　　)认定。

　　A. 存在　　　　B. 完整性　　　　C. 列报与披露　　D. 计价和分摊

18. 被审计单位当年建造完工厂房已投入使用并办理了固定资产竣工决算手续,但注册会计师发现在建造厂房的"工程成本"项目中有多笔管理部门的职工福利开支费,显然,被审计单位固定资产报表项目不正确的"认定"是(　　)。

　　A. 存在　　　　　　　　　　　　B. 完整性
　　C. 计价和分摊　　　　　　　　　D. 分类和可理解性

19. 在审计实务中,注册会计师往往要求被审计单位出具(　　),以明确与财务报表有关的管理层责任。

　　A. 管理层保证书　　　　　　　　B. 管理建议书
　　C. 内部控制重大缺陷沟通函　　　D. 管理层声明书

20. 下列有关财务报表审计目标的说法中,错误的是(　　)。

　　A. 注册会计师作为独立第三方,运用专业知识、技能和经验对财务报表进行审计并发表审计意见,旨在增强预期使用者对财务报表信赖程度
　　B. 财务报表审计目标,是对被审计单位财务报表的真实性和公允性表示意见
　　C. 财务报表审计目标界定了注册会计师的责任范围,直接影响注册会计师计划和实施

审计程序的性质、时间和范围

　　D. 财务报表审计目标对注册会计师的审计工作发挥着导向作用

　21. 下列有关管理层、治理层和注册会计师责任的说法中，错误的是（　　）。

　　A. 防止或发现舞弊是注册会计师的责任

　　B. 治理层有责任监督管理层建立和维护内部控制

　　C. 注册会计师有责任按照审计准则的规定实施审计工作，获取财务报表在整体上不存在重大错报的合理保证

　　D. 管理层有责任建立良好的控制环境，维护有关政策和程序，以保证有序和有效地开展业务活动

## 二、多项选择题

　1. 下列认定中与所审计期间各类交易、事项及相关披露的认定的有（　　）。

　　A. 发生　　　　B. 完整性　　　　C. 分类　　　　D. 权利和义务

　2. 为证实"营业收入的准确性"认定，注册会计师可以实施的审计程序有（　　）。

　　A. 复核营业收入明细表，并与总账数核对

　　B. 检查以非记账本位币结算的营业收入的折算汇率及折算是否正确

　　C. 抽查产品售价是否符合价格政策

　　D. 抽查营业收入明细账，并追查至销售发票、销售合同、发货单等

　3. 注册会计师所确定的以下具体审计目标中，（　　）是根据管理层关于期末账户余额的"计价和分摊"认定推论得出的。

　　A. 应收账款明细账余额合计是否与总账余额相符

　　B. 固定资产是否已适当的计提折旧和减值准备

　　C. 有关的短期借款是否均已记录入账

　　D. 营业收入是否全部记录于正确的会计期间

　4. 注册会计师通过审计发现的下列情况中，被审计单位没有违反"权利和义务"认定的有（　　）。

　　A. 将经营租入的设备作为自有固定资产

　　B. 将融资租入的设备作为自有固定资产

　　C. 将已出租的专利权作为自有无形资产

　　D. 将委托代销的商品作为企业的存货

　5. 下列各项中，属于注册会计师需要确认的应收账款"计价和分摊"认定的审计程序有（　　）。

　　A. 应收账款确实为被审计单位拥有

　　B. 计提和冲销的坏账准备金额是正确的

　　C. 应收账款总账与明细账是一致性的

　　D. 应收账款均已记录

　6. 注册会计师通过实施"检查外来账单与本单位有关账目的记录是否相符"这一程序，可能证实被审计单位管理层对财务报表的（　　）认定。

　　A. 存在　　　　B. 完整性　　　　C. 截止　　　　D. 计价和分摊

　7. 注册会计师所确定的以下具体审计目标中，（　　）是根据管理层关于完整性认

定推论得出的。

A. 主营业务收入明细账余额合计是否与总账余额相符
B. 存货是否已适当地计提跌价损失准备
C. 在途存货是否包括在存货项目内
D. 有关短期借款的入账是否及时

8. 下列有关审计目标的说法中,正确的有（　　　）。

A. 审计目标包括财务报表审计目标以及与各类交易、账户余额和披露相关的审计目标两个层次
B. 财务报表审计能够提高财务报表的可信赖程度
C. 在财务报表审计中,被审计单位管理层和治理层与注册会计师承担着不同的责任,不能相互混淆和替代
D. 审计目标界定了注册会计师的责任范围,决定了注册会计师如何发表审计意见

9. 下列有关财务报表审计责任的说法中,正确的有（　　　）。

A. 财务报表审计不能减轻被审计单位管理层和治理层的责任
B. 财务报表中如果含有错报,管理层和治理层应承担部分责任
C. 为了履行编制财务报表的职责,管理层通常设计、实施和维护与财务报表编制相关的内部控制,以保证财务报表不存在由于舞弊或错误而导致的重大错报
D. 按照中国注册会计师审计准则的规定,对财务报表发表审计意见是注册会计师的责任

10. 注册会计师对财务报表实施审计的目标是对（　　　）发表审计意见。

A. 被审计单位是否存在违反法律法规行为
B. 财务报表是否按照适用的财务报告编制基础编制
C. 财务报表是否在所有重大方面公允反映被审计单位的财务状况、经营成果和现金流量
D. 财务报表是否真实反映了管理层的判断和决策

## 三、简答题

1. 财务报表的审计目标和审计责任是什么？
2. 具体审计目标及其含义是什么？

# 任务五　制订审计计划

## 一、单项选择题

1. 下列有关重要性、审计风险和审计证据的说法中,不正确的是（　　　）。

A. 重要性与客观存在的审计风险之间存在反向关系
B. 重要性和审计证据的数量之间存在反向变动关系
C. 可接受的审计风险与审计证据的数量之间存在反向变动关系
D. 注册会计师可以通过调高重要性水平来降低审计风险

2. 重要性是注册会计师执业判断的结果。在确定上市公司财务报表重要性水平时,不同的注册会计师可以采取不同的方法,下列是不适当方法的有（　　　）。

A. 根据对重要股东的函证或询问结果综合确定重要性
B. 根据所属会计师事务所的惯例确定重要性

C. 先选择一个恰当的基准、再乘以适当的百分比,得出重要性水平
D. 根据自己的从业经验确定重要性

3. 在考虑重要性和审计风险时,下列有关说法中,不正确的是(　　)。

A. 在评估重大错报风险时,可以不考虑相关内部控制
B. 应当确定识别的重大错报风险是与财务报表整体相关,进而影响多项认定,还是与特定的各类交易、账户余额或披露的认定相关
C. 应当在了解被审计单位及其环境的整个过程中识别风险
D. 在评估重大错报风险时,应将所了解的控制与特定认定相联系

4. 甲有限公司(以下简称"甲公司")上年度的财务报表是由 EFG 会计师事务所审计的,出具了保留意见的审计报告。甲公司打算改聘 ABC 会计师事务所为其审计本年度财务报表,在承接业务之前,下列做法中,正确的是(　　)。

A. 甲公司允许 ABC 会计师事务所与 EFG 会计师事务所沟通,ABC 会计师事务所要求 EFG 会计师事务所提供与上年度财务报表审计有关的重要审计工作底稿
B. ABC 会计师事务所以书面形式向 EFG 会计师事务所申请对甲公司审计情况进行沟通,EFG 会计师事务所表示其答复是有限的,并说明了其原因,ABC 会计师事务所依此不允许接受委托
C. EFG 会计师事务所已向 ABC 会计师事务所表明其答复是有限的,并说明了其原因,ABC 会计师事务所在考虑是否接受委托
D. ABC 会计师事务所准备在审计报告中表明,本次审计的期初余额依赖 EFG 会计师事务所注册会计师审计的结果

5. ABC 会计师事务所接受甲公司年度财务报表审计业务,A 注册会计师作为项目合伙人,下列处理中,不正确的是(　　)。

A. 为使审计程序与甲公司的工作相协调,在编制审计计划时,A 注册会计师同甲公司的财务经理就总体审计策略的要点和某些审计程序进行了讨论
B. A 注册会计师在对其编制的计划作出最后的审核,在具体实施前下达至审计小组的全体成员
C. A 注册会计师要求在审计过程中,注册会计师应及时反馈对审计计划的执行情况,以便对审计计划进行修改、补充
D. A 注册会计师在计划中包含了审计工作进度、时间预算和费用预算等内容

6. 注册会计师在制定总体审计策略时,对审计范围的考虑事项不包括(　　)。

A. 编制拟审计的财务信息所依据的财务报告编制基础
B. 对利用在以前审计工作中获取的审计证据的预期
C. 评估的财务报表层次的重大错报风险对指导、监督及复核的影响
D. 拟审计的经营分部的性质

7. 总体审计策略的详略程度取决于(　　)。

A. 初步业务活动的结果
B. 审计业务的特征
C. 为被审计单位提供其他服务时所获得的经验
D. 被审计单位规模及该审计业务的复杂程度

8. 会计师事务所开展初步业务活动,以确保在计划审计工作时执行审计工作的注册会

计师具备(　　)的要求。
    A. 按适当的方式收费　　　　　　B. 对客户的商业机密保密
    C. 独立性和专业胜任能力　　　　D. 合理利用专家工作

9. ABC 会计师事务所拟指派注册会计师陈华前往 XYZ 股份有限公司洽谈有关业务委托事宜,在承接业务之前,注册会计师陈华经 XYZ 股份有限公司同意,向前任注册会计师询问了有关情况,其中不恰当的是(　　)。
    A. 注册会计师陈华就管理层是否积极配合注册会计师审计工作询问了其诚信方面的问题
    B. 由于之前没有承接过 XYZ 股份有限公司的审计业务,因此,注册会计师陈华特地询问了前任注册会计师关于 XYZ 股份有限公司内部控制方面的问题
    C. 注册会计师陈华向前任注册会计师询问了上期财务报表审计过程中是否发生过高层管理层舞弊行为
    D. 由于是初次接触 XYZ 股份有限公司,注册会计师陈华对其以前年度的财务报表层次的重要性水平进行了询问,以便作为此次审计的判断基础

10. ABC 会计师事务所拟承接 B 公司(上市的企业集团公司)2021 年度财务报表审计业务。乙注册会计师任项目合伙人,在计划审计工作前,开展了初步业务活动,执行这一程序的目的不包括(　　)。
    A. 具备执行业务所需的独立性和能力
    B. 与被审计单位之间不存在对业务约定条款的误解
    C. 确保重要性水平的合理性
    D. 不存在因管理层诚信问题而影响注册会计师保持该项业务意愿的事项

11. 注册会计师在本期审计业务开始时应当开展初步业务活动,以下不属于初步业务活动内容的是(　　)。
    A. 针对保持客户关系和具体审计业务实施相应的质量控制程序
    B. 评价遵守职业道德规范的情况
    C. 实施进一步审计程序
    D. 就审计业务约定条款达成一致意见

12. 假如 B 公司 2019 年度的财务报表由 ABC 会计师事务所审计,2021 年继续委托 ABC 会计师事务所审计其 2020 年度财务报表,但由于 B 公司 2020 年变更了大股东,重新组成了董事会,并产生了新一任董事长,则(　　)。
    A. ABC 会计师事务所应当与 B 公司解除业务约定
    B. ABC 会计师事务所应当修改原已签订的审计业务约定书的部分内容
    C. ABC 会计师事务所可以继续使用原已签订的业务约定书,但是需要在本年审计工作底稿中予以说明
    D. ABC 会计师事务所应当与 B 公司重新签订审计业务约定书

13. 下列描述中,属于被审计单位必须在注册会计师进驻之前完成的是(　　)。
    A. 审计所需的资料　　　　　　　B. 有关特殊事项的解释
    C. 配合执行的审查程序　　　　　D. 有关汇总表的编制

14. XYZ 公司的某产品 2022 年的毛利率与 2021 年相比有所上升,XYZ 公司提供了以下解释,其中,与毛利率变动不相关的是(　　)。

A. 该产品的销售价格与2021年相比有所上升

B. 该产品的产量与2021年相比有所增加

C. 该产品的销售收入占当年主营业务收入的比例与2021年相比有所上升

D. 该产品使用的主要原材料的价格与2021年相比有所下降

15. 注册会计师对分析程序所作的判断中,不恰当的是(    )。

A. 由于与固定资产相关的重大错报风险很低,注册会计师可以考虑在实质性程序中运用分析程序

B. 通过对主营业务收入进行分析未发现异常,因此判断主营业务收入不存在重大错报,注册会计师决定执行简单的实质性程序

C. 由于被审计单位调整产品结构,因此,在对主营业务收入审计时,不应过多地依赖分析程序的结果

D. 尽管对应付账款的分析性程序未发现异常,但在执行其他审计程序时,发现有未入账的应付账款,此时,注册会计师不应过多的信赖分析程序的结果

16. 下列不属于注册会计师在确定实质性分析程序使用的数据是否可靠时所考虑的因素是(    )。

A. 可获得信息的来源和可比性
B. 可获得信息的性质和相关性
C. 可获得信息的数量
D. 与信息编制相关的控制

## 二、多项选择题

1. 下列关于计划审计工作的说法中,正确的有(    )。

A. 计划审计工作可以节约有限的审计资源,提高审计的工作效率

B. 制定总体审计策略

C. 制定具体审计计划

D. 计划审计工作不是一个孤立阶段,是一个持续的、不断修正的过程,贯穿整个审计过程

2. 下列关于错报的说法中,不正确的有(    )。

A. 错报可能不会孤立发生,一项错报的发生还可能表明存在其他错报

B. 在确定一项分类错报是否重大时,仅需考虑金额大小

C. 应当及时与适当层级的管理层沟通错报事项

D. 对于同一账户余额或同一类别的交易内部的错报,不可以进行抵销

3. 判断错报包括两种情况,分别是(    )。

A. 通过测试样本估计出的总体的错报减去在测试中发现的已经识别的具体错报

B. 管理层和注册会计师对会计估计值的判断差异

C. 通过实质性分析程序推断出的估计错报

D. 管理层和注册会计师对选择和运用会计政策的判断差异

4. 下列关于重要性、审计风险和审计证据之间关系的表述中,正确的有(    )。

A. 审计证据和可接受的审计风险之间成反向变动关系

B. 重要性与可接受的审计风险之间成正向变动关系

C. 重要性和审计证据之间成反向变动关系

D. 重要性不影响审计证据的数量,即两者没有关系

5. 由于注册会计师通常并不对所有的交易、账户余额和披露进行检查,以及其他原因,

检查风险不可能降低为零。其原因包括：注册会计师可能选择了不恰当的审计程序、审计程序执行不当，或者错误理解了审计结论。可以帮助注册会计师解决的方法有(　　　　)。

A. 注册会计师制订适当的计划

B. 监督、指导和复核助理人员所执行的审计工作

C. 保持职业怀疑态度

D. 在项目组成员之间进行恰当的职责分配

6. 下列关于财务报表审计中审计风险的表述中，正确的有(　　　　)。

A. 注册会计师的合理保证意味审计风险始终存在

B. 注册会计师应当通过控制检查风险以使审计风险降至可接受的低水平

C. 财务报表层次的重大错报风险与财务报表整体存在广泛联系，并可能影响多项认定

D. 如果审计程序设计合理并且执行有效，可以将检查风险降低为零

7. 下列说法中，正确的有(　　　　)。

A. 如果是经常性审计，且以前年度审计调整较多的项目，则实际执行的重要性会接近财务报表整体重要性的50%

B. 由于注册会计师通常并不对所有的交易、账户余额和披露进行检查，以及其他原因，检查风险不可能降低为零

C. 注册会计师可以就总体审计策略、具体审计计划的某些内容与治理层和管理层沟通，并由治理层和管理层参与部分制定总体审计策略和具体审计计划的工作

D. 财务报表层次的重大错报风险通常与控制环境有关

8. 确定实际执行的重要性并非简单机械的计算，需要注册会计师运用职业判断，并考虑(　　　　)的影响。

A. 注册会计师以往的审计经验

B. 对被审计单位的了解(这些了解在实施风险评估程序的过程中得到更新)

C. 根据前期识别出的错报对本期错报作出的预期

D. 前期审计工作中识别出的错报的性质和范围

9. 推断错报通常包括(　　　　)。

A. 通过测试样本估计出的总体的错报减去在测试中发现的已经识别的具体错报

B. 毋庸置疑的错报

C. 通过实质性分析程序推断出的估计错报

D. 由于注册会计师认为管理层对会计估计作出不合理的判断或不恰当地选择和运用会计政策而导致的差异

10. 下列有关财务报表层次重要性水平的说法中，正确的有(　　　　)。

A. 如果各个报表的重要性水平不同，应选取平均数作为重要性水平

B. 如所依据的财务报表尚未编制完成，可根据上年报表适当估计年末报表

C. 财务报表层次的重要性水平常常可以作为确定认定层次重要性水平的参考依据

D. 注册会计师需要不断在审计执行过程中修正计划的重要性水平

11. 下列属于注册会计师应当在总体审计策略中清楚说明的有(　　　　)。

A. 向具体审计领域调配的资源，包括向高风险领域分派有适当经验的项目组成员，就复杂的问题利用专家工作等

B. 向具体审计领域分配资源的数量，包括安排到重要存货存放地观察存货盘点的项目

组成员的数量,在企业集团审计业务中,对其他注册会计师工作复核的范围,对高风险领域安排的审计时间预算等

C. 何时调配这些资源,包括是在期中审计阶段还是在关键的截止日期调配资源等

D. 如何管理指导监督这些资源的利用,包括预期何时召开项目组预备会和总结会,预期项目合伙人和经理如何进行复核,是否需要实施项目质量控制复核

12. 制定总体审计策略时应当考虑影响审计业务的重要因素,以确定项目组的工作方向。在确定审计方向时,注册会计师需要考虑(　　　)。

A. 评估的财务报表层次的重大错报风险对指导、监督和复核的影响

B. 管理层重视设计和实施健全的内部控制的相关证据

C. 与治理层和管理层举行会谈,讨论审计工作的性质、时间安排和范围

D. 以往审计中对内部控制运行有效性评价的结果

13. 在完成审计业务前,被审计单位要求将审计业务变更为保证程度较低的鉴证业务或服务业务,注册会计师认为合理的理由有(　　　)。

A. 审计经费不足

B. 原审计是为了借款,现在不需要了,变更为会计服务

C. 对原来要求的审计业务的性质存在误解

D. 企业合并,并购方要求提供3年加1期的经审计的财务报表

## 三、简答题

1. 如何理解重要性的含义?
2. 总体审计策略与具体审计计划有什么关系?
3. 影响重要性水平的主要因素有哪些?
4. 具体审计计划的主要内容有哪些?

# 项 目 实 训

## 实 训 一

**1. 资料**:注册会计师通常依据所审计期间各类交易、事项及相关披露的认定、期末账户余额及相关披露的认定确定审计目标,根据审计目标设计审计程序。应收账款的相关认定如表1-15所示。

表1-15　　　　　　　　　应收账款的相关认定

| 应收账款的相关认定 | 审计目标 | 审计程序 |
| --- | --- | --- |
| 存在 |  | ①<br>② |
| 权利和义务 |  | ①<br>② |

续表

| 应收账款的相关认定 | 审计目标 | 审计程序 |
| --- | --- | --- |
| 完整性 |  | ①<br>② |
| 准确性、计价和分摊 |  | ①<br>② |
| 分类 |  | ①<br>② |

**2. 要求**：请根据表中给出的应收账款的相关认定确定审计目标，并针对每一审计目标简要设计两项审计程序。

## 实 训 二

**1. 资料**：ABC 会计师事务所接受委托，承办大华公司 2021 年度财务报表审计业务。A 和 B 注册会计师负责确定与交易类别、账户余额和披露相关的实质性程序。大华公司与交易类别、账户余额和披露相关的认定如表 1-16 所示。

表 1-16    大华公司与交易类别、账户余额和披露相关的认定

| 认　　定 | 最常用的实质性程序 |
| --- | --- |
| 外购固定资产权利和义务认定 |  |
| 存货存在认定 |  |
| 预收账款分类认定 |  |
| 销售业务准确性认定 |  |

**2. 要求**：针对上表列示的各项认定，请代 A 和 B 注册会计师列示出为实现各认定的审计目标应实施的最常用的实质性程序。

## 实 训 三

**1. 资料**：ABC 集团公司是 XYZ 会计师事务所的常年审计客户，上年度各项内部控制设计合理并运行有效。X 注册会计师正在对 ABC 集团公司本年度的内部控制进行了解，并评估重大错报风险。ABC 集团公司有 20 余家子公司。2021 年年初，为了满足集团公司对财务信息实时性、准确性、真实性的要求，推行了企业信息化管理。通过与 ERP 系统开发公司的协商，购进其最近开发的 ERP 系统并投入使用。由于采用 ERP 系统，财务核算人员由原来的 163 减至 61 人。X 注册会计师在对采购与付款循环的了解中，注意到供货单位的发票信息由会计部输入，并由计算机将其与其他信息（订购单等）相核对。在收到货物时，由验收部门将验收入库信息输入计算机系统，计算机会自动生成一份入库单，由仓库审核后自动更新存货记录。计算机能够自动将订购单、验收单、入库单和供货单位的发票上的信息（供货单位、型号、规格、单价等）相比较并审批开出未付凭单。付款部门根据未付凭单打印出支票，计算机自动将该未付凭单标记，防止重复付款。通过对采购人员的了

解,一个员工透露,以前有一供货商将同一笔交易发来两张不同编号的发票,在月末存货监盘时,发现重复记录购货并追回了多付的货款。后来,公司加强了该系统的手工校验程序。

**2. 要求:**

(1) 根据上述材料,假定不存在其他事项,请分别分析财务报表层次和认定层次是否存在重大错报风险,如存在认定层次的重大错报风险,请指出可能影响到哪些认定?

(2) 请指出信息系统的一般控制或应用控制存在的缺陷,注册会计师应对了解到的该缺陷实施的最有效的控制测试是什么?

(3) X 注册会计师拟信赖上年审计所获取的有关采购付款的内部控制运行有效的审计证据,减少了本次控制测试的范围,请问 X 注册会计师的做法是否妥当?

## 实 训 四

**1. 资料:** 甲公司系 ABC 会计师事务所的常年审计客户,由于其业务的性质和经营规模发生重大变化,ABC 会计师事务所正在考虑是否继续接受委托以及审计收费等问题。

**2. 要求:** 请简要回答:

(1) 连续审计情况下,哪些情况使得注册会计师应当考虑对审计业务约定条款作出修改以及提醒被审计单位注意现有的条款?

(2) 在重新签订业务约定书前,ABC 会计师事务所开展初步业务活动的目的是什么?

(3) 开展初步业务的内容一般包括哪些?

## 实 训 五

**1. 资料:** U 会计师事务所接受委托,对甲公司 2021 年度财务报表进行审计。A 注册会计师担任项目合伙人,假定审计项目组存在下列情形:

(1) U 事务所另一项目合伙人 B 注册会计师与 A 注册会计师同属于华北分部的不同项目组,B 的妻子持有甲公司债券 2 000 元。

(2) U 会计师事务所与甲公司同为 X 公司的股东,目前 X 公司属于初创期,股东分别为 U 事务所、甲公司、戊公司。

(3) 审计项目组成员 C 注册会计师曾在甲公司担任成本会计,2021 年 2 月从甲公司跳槽到 U 事务所,为避免产生自我评价的不利影响,审计项目组安排 C 注册会计师负责长期股权投资、交易性金融资产等项目的审计工作。

(4) U 事务所接受委托后,项目组成员 D 注册会计师被甲公司聘为独立董事。为保持独立性,在审计业务开始前,ABC 会计师事务所将其调离项目组。

**2. 要求:** 针对上述情形,分别判断是否对审计独立性产生不利影响,并简要说明理由。

## 实 训 六

**1. 资料:** U 会计师事务所自 2017 年起已连续四年承接 X 银行总行的年度财务报表审计业务,A 注册会计师一直担任项目合伙人。双方于 2021 年 5 月续签了 2021 年至 2025 年度财务报表审计业务约定书。A 注册会计师接受委派担任 2021 年度财务报表审计项目合伙人。相关情况如下:

(1) U 事务所 2020 年全年收入为 5 000 万元,2021 年收入为 5 500 万元,其中 2020 年取得 X 银行的审计费用 400 万元,相关服务收费 351 万元;2021 年取得 X 银行审计收入 450 万元,相关服务收费 380 万元。

(2) 审计项目组成员 B 的妻子,通过继承,获得 X 银行股票 3 000 股,市值为 9 000 元。

(3) 审计项目组成员 C 的父亲,在 X 银行中担任基建处处长,X 银行目前正在建设耗资 9 000 万元的办公大楼。

(4) X 银行请审计项目组对其自行设计的计算机信息系统进行评价并提出建议。

(5) 因为 A 注册会计师连续担任项目合伙人 5 年,为了避免密切关系对独立性产生不利影响,在结束 2021 年审计工作后,U 事务所安排 A 注册会计师自 2022 年起担任 X 银行审计项目质量控制复核人。

**2. 要求**:根据中国注册会计师职业道德守则的规定,逐一针对上述情况,指出是否对独立性产生不利影响,并简要说明理由。

## 实 训 七

**1. 资料**:U 会计师事务所首次接受委托,承办甲公司 2021 年度财务报表审计业务,并于 2020 年底与甲公司签订了审计业务约定书。假定存在以下情况:

(1) 审计项目组成员 A 与甲公司办公室主任 I 毕业于同一所财经院校。I 将甲公司职工集资建房的指标转让给 A,A 按照甲公司职工的付款标准交付了集资款。

(2) 审计项目组成员 B 与甲公司财务经理在 10 年前是同一军区的战友。

(3) 审计项目组成员 C 的表姐在甲公司担任人力资源部经理。

(4) 审计项目组成员 D 的哥哥担任甲公司基建处处长,负责甲公司工业园基础设施的筹建工作。

(5) 审计项目组成员 E 的妻子,接受其父亲赠予,获得甲公司债券,市值为 6 000 元。

**2. 要求**:根据中国注册会计师职业道德守则的规定,请分别针对上述 5 种情况,指出是否对 U 会计师事务所或相关注册会计师的独立性产生不利影响,并简要说明理由。

客观题参考答案:项目一

# 项目二　实施审计程序

## 学 习 指 导

### 任务一　实施风险评估程序

#### 一、风险评估的总体要求和风险评估程序

注册会计师应当实施下列风险评估程序，以了解被审计单位及其环境：① 询问被审计单位管理层和内部其他相关人员；② 实施分析程序；③ 观察和检查。

（1）询问被审计单位管理层和内部其他相关人员。可以询问的被审计单位管理层和其他相关人员包括：被审计单位管理层和财务负责人；治理层；内部审计人员；参与生成、处理或记录复杂或异常交易的员工；内部法律顾问；营销或销售人员；采购人员和生产人员；仓库人员等。

（2）实施分析程序。实施分析程序是指注册会计师通过研究不同财务数据之间以及财务数据与非财务数据之间的内在关系，对财务信息作出评价。分析程序还包括调查识别出的、与其他相关信息不一致或与预期数据严重偏离的波动和关系。

（3）观察和检查。观察被审计单位的生产经营活动；检查文件、记录和内部控制手册；阅读由管理层和治理层编制的报告；实地察看被审计单位的生产经营场所和设备；追踪交易在财务报告信息系统中的处理过程（穿行测试）。

#### 二、了解被审计单位及其环境

了解被审计单位及其环境的具体项目及其所含的内容，如表2-1所示。

表2-1　了解被审计单位及其环境的具体项目及其所含的内容

| 项　　目 | 需要了解的具体内容 |
| --- | --- |
| 行业状况、法律环境与监管环境以及其他外部因素 | 被审计单位所处的行业状况、法律环境、监管环境及其他外部因素 |
| 被审计单位的性质 | 所有权结构；治理结构；组织结构；经营活动；投资活动；筹资活动 |
| 被审计单位对会计政策的选择和运用 | 重要项目的会计政策和行业惯例；重大和异常交易的会计处理方法；在新领域和缺乏权威性标准或共识的领域，采用重要会计政策产生的影响；会计政策的变更；被审计单位何时采用以及如何采用会计准则和相关会计制度 |

续 表

| 项　　目 | 需要了解的具体内容 |
|---|---|
| 被审计单位的目标、战略以及相关经营风险 | 了解被审计单位的目标、战略与经营风险;经营风险对重大错报风险的影响;被审计单位的风险评估过程 |
| 被审计单位财务业绩的衡量和评价 | 了解被审计单位的关键业绩指标;业绩趋势;预测、预算和差异分析;管理层和员工业绩考核与激励性报酬政策;分部信息与不同层次部门的业绩报告;与竞争对手的业绩比较;外部机构提出的报告 |

### 三、了解被审计单位的内控

内控的重要基础——控制环境;内控的重要环节——被审计单位的风险评估过程;内控的重要条件——信息系统与沟通;内控的重要手段——控制活动;内控的重要保证——对控制的监督。

### 四、识别和评估重大错报风险

注册会计师在识别和评估重大错报风险时,需要考虑以下两个方面的内容:

(1) 可能表明被审计单位存在重大错报风险的事项和情况。注册会计师应充分关注可能表明被审计单位存在重大错报风险的各种事项和情况,并考虑由于这些事项和情况导致的风险是否重大,以及该风险导致财务报表发生重大错报的可能性。

(2) 识别和评估财务报表层次和认定层次的重大错报风险。识别和评估财务报表层次的重大错报风险,主要关注控制环境对评估财务报表层次重大错报风险的影响和考虑财务报表的可审计性。

识别和评估认定层次的重大错报风险,主要关注控制可能与某一认定直接相关或间接相关的重大错报风险。关系越间接,控制在防止或发现并纠正认定中错报的作用越小。

## 任务二　执行控制测试程序

### 一、控制测试的含义和要求

控制测试,是指用于评价内部控制在防止或发现并纠正认定层次重大错报方面的运行有效性的审计程序。要求在评估认定层次重大错报风险时,预期控制的运行是有效的,同时,仅实施实质性程序不足以提供认定层次充分、适当的审计证据。控制测试和了解内控是两个不同的概念,具体区别如表 2-2 所示。

表 2-2　　　　　　　　了解内控和控制测试的具体区别

| 区　　别 | 了　解　内　控 | 控　制　测　试 |
|---|---|---|
| 目的不同 | ① 评价控制的设计;<br>② 确定控制是否得到执行 | 测试控制运行的有效性 |
| 重点不同 | 控制得到执行 | 控制运行的有效性 |
| 过程不同 | 风险评估程序时 | 进一步审计程序时 |

续表

| 区 别 | 了 解 内 控 | 控 制 测 试 |
|---|---|---|
| 证据质量不同 | ① 某项控制是否存在；<br>② 被审计单位是否正在使用 | 从下面判断控制是否能够在各个不同时点按照既定设计得以一贯执行：<br>① 控制在所审计期间的不同时点是如何运行的；<br>② 控制是否得到一贯执行；<br>③ 控制由谁执行；<br>④ 控制以何种方式运行 |
| 证据数量不同 | ① 只需抽取少量的交易进行检查；<br>② 观察某几个时点 | ① 需要抽取足够数量的交易进行检查；<br>② 对多个不同时点进行观察 |
| 性质不同 | ① 询问被审单位的人员；<br>② 观察特定控制的运用；<br>③ 检查文件和报告；<br>④ 穿行测试 | ① 询问以获取与内控运行情况相关的信息；<br>② 观察以获取控制（如职责分离）的运行情况；<br>③ 检查以获取控制的运行情况；<br>④ 穿行测试；<br>⑤ 重新执行 |
| 要求不同 | 必要程序 | 必要时或决定测试时 |

## 二、控制测试的性质

控制测试的性质是指控制测试所使用的审计程序的类型及其组合，包括询问、观察、检查和穿行测试。此外，控制测试的程序还包括重新执行。控制测试的程序类型及其具体内容如表2-3所示。

表2-3　　　　　　　　　控制测试的程序类型及其具体内容

| 类 型 | 运 用 | 注 意 事 项 |
|---|---|---|
| 询问 | 向被审计单位适当员工询问，获取与内控运行情况相关的信息 | ① 本身并不足以测试控制运行的有效性；<br>② 注册会计师应将询问与其他审计程序结合使用，以获取有关控制运行有效性的审计证据；<br>③ 在询问过程中，注册会计师应保持职业怀疑态度 |
| 观察 | 测试不留下书面记录的控制（如职责分离）的运行情况的有效方法 | ① 观察提供的证据仅限于观察发生的时点；<br>② 观察本身不足以测试控制运行的有效性；<br>③ 观察也可运用于实物控制，如查看仓库门是否锁好，或空白支票是否妥善保管；<br>④ 通常情况下，注册会计师通过观察直接获取的证据比间接获取的证据更可靠；<br>⑤ 还要考虑其所观察到的控制，在注册会计师不在场时可能未被执行的情况 |
| 检查 | 对运行情况留有书面证据的控制，检查非常适用 | 书面说明、复核时留下的记号，或其他记录在偏差报告中的标志都可以被当作控制运行情况的证据 |

续 表

| 类 型 | 运 用 | 注 意 事 项 |
|---|---|---|
| 穿行测试 | 通过追踪交易在财务报告信息系统中的处理过程,来证实注册会计师对控制的了解、评价控制设计的有效性以及确定控制是否得到执行,更多地在了解内控时运用 | ① 在执行穿行测试时,注册会计师可能获取部分控制运行有效性的审计证据;<br>② 穿行测试不是单独的一种程序,而是将多种程序按特定审计需要进行结合运用的方法 |
| 重新执行 | 通常只有当询问、观察和检查程序结合在一起仍无法获得充分的证据时,注册会计师才考虑通过重新执行来证实控制是否有效运行 | ① 为了合理保证计价和分摊认定的准确性,被审计单位的一项控制是由复核人员核对销售发票上的价格与统一价格单上的价格是否一致;但是,要检查复核人员有没有认真执行核对,仅仅检查复核人员是否在相关文件上签字是不够的,注册会计师还需要自己选取一部分销售发票进行核对;<br>② 如果需要进行大量的重新执行,注册会计师就要考虑通过实施控制测试以缩小实质性程序的范围是否有效率;<br>③ 将询问与检查或重新执行结合使用,通常能够比仅实施询问和观察获取更高的保证 |

如果通过实施实质性程序未发现某项认定存在错报,这本身并不能说明与该认定有关的控制是有效运行的;但如果通过实施实质性程序发现某项认定存在错报,注册会计师应在评价相关控制的运行有效性时予以考虑。因此,注册会计师应考虑实施实质性程序发现的错报对评价相关控制运行有效性的影响,如:① 降低对相关控制的信赖程度;② 调整实质性程序的性质;③ 扩大实质性程序的范围等。

### 三、控制测试的时间

控制测试的时间包含两层含义:一是何时实施控制测试;二是测试所针对的控制适用的时点或期间。因此,注册会计师应根据控制测试的目的确定控制测试的时间,并确定拟信赖的相关控制的时点或期间。

如果已获取有关控制在期中运行有效性的审计证据,并拟利用该证据,注册会计师应实施下列审计程序:

(1) 获取这些控制在剩余期间变化情况的审计证据。
(2) 确定针对剩余期间还需获取的补充审计证据。

### 四、控制测试的范围

控制测试的范围取决于一些影响因素,影响控制测试范围的因素如表2-4所示。

表2-4　　　　　　　　影响控制测试范围的因素

| 因 素 | 影 响 |
|---|---|
| 执行控制的频率 | 控制执行的频率越高,范围就越大 |
| 拟信赖控制运行有效性的时间长度 | 拟信赖期间越长,范围就越大 |

续　表

| 因　素 | 影　响 |
|---|---|
| 需获取审计证据的相关性和可靠性 | 对审计证据的相关性和可靠性要求越高,范围就越大 |
| 其他控制获取的审计证据的范围 | 当针对其他控制获取审计证据的充分性和适当性较高时,测试该控制的范围可适当缩小 |
| 拟信赖控制运行有效性的程度 | 拟信赖程度越高,范围就越大 |
| 控制的预期偏差 | 控制的预期偏差率越高,范围就越大 |

除非系统(包括系统使用的表格、文档或其他永久性数据)发生变动,注册会计师通常不需要增加自动化控制的测试范围。但是,需要考虑执行下列测试以确定该控制持续有效运行:测试与该应用控制有关的一般控制的运行有效性;确定系统是否发生变动,如果发生变动,是否存在适当的系统变动控制;确定对交易的处理是否使用授权批准的软件版本。

## 任务三　执行实质性程序

### 一、实质性程序的含义和要求

实质性程序是指注册会计师针对评估的重大错报风险实施的直接用以发现认定层次重大错报的审计程序。实质性程序包括对各类交易、账户余额、列报的细节测试以及实质性分析程序。要求无论评估的重大错报风险结果如何,注册会计师都应当针对所有重大的各类交易、账户余额、列报实施实质性程序。

### 二、实质性程序的内容

实质性程序包括细节测试和实质性分析程序两种类型,其具体内容如表2-5所示。

表2-5　　　　　　　　　　实质性程序的具体内容

| 类　型 | 含　义 | 目　的 | 适　用　性 | 要　求 |
|---|---|---|---|---|
| 细节测试 | 对各类交易、账户余额、列报的具体细节进行测试 | 直接识别财务报表认定是否存在错报 | 对各类交易、账户余额、列报认定的测试,尤其是对存在或发生、计价认定的测试 | 根据不同的认定层次的重大错报风险设计有针对性的细节测试 |
| 实质性分析程序 | 技术特征上讲仍然是分析程序,主要是通过研究数据间关系评价信息,只是将该技术方法用作实质性程序 | 用以识别各类交易、账户余额、列报及相关认定是否存在错报 | ① 对在一段时期内存在可预期关系的大量交易,注册会计师可以考虑实施实质性分析程序;<br>② 考虑到数据及分析的可靠性,当实施实质性分析程序时,如果使用被审计单位编制的信息,应考虑测试与信息编制相关的控制,以及这些信息是否在本期或前期经过审计 | 考虑:<br>① 对特定认定使用实质性分析程序的适当性;<br>② 对已记录的金额或比率作出预期时,所依据的内部或外部数据的可靠性;<br>③ 作出预期的准确程度是否足以在计划的保证水平上识别重大错报;<br>④ 已记录金额与预期值之间可接受的差异额 |

### 三、实质性程序的时间

实质性程序与控制测试的时间选择比较,如表2-6所示。

表2-6　　　　实质性程序与控制测试的时间选择比较

| 时间 | 控制测试 | 实质性程序 |
| --- | --- | --- |
| 期中 | 获取期中关于控制运行有效性审计证据的做法更具有"常态性" | 目的在于更直接地发现重大错报,在期中实施实质性程序时更需要考虑其成本效益的权衡 |
| 以前 | 拟信赖以前审计获取的有关控制运行有效性的审计证据,已经受到了很大的限制 | 对于以前审计中通过实质性程序获取的审计证据,则采取了更加慎重的态度和更严格的限制 |
| 共同点 | 两类程序都面临着对期中审计证据和对以前审计获取的审计证据的考虑 | |

### 四、实质性程序的范围

注册会计师应当重点考虑评估的认定层次重大错报风险和实施控制测试的结果来确定实质性程序的范围。一般来说,注册会计师评估的认定层次的重大错报风险越高,需要实施实质性程序的范围就越广;如果对控制测试结果不满意,注册会计师应考虑扩大实质性程序的范围。

# 练 习 题

## 任务一　实施风险评估程序

### 一、单项选择题

1. 下列关于财务报表层次重大错报风险的说法中,不正确的是(　　)。
   A. 通常与控制环境有关
   B. 与财务报表整体存在广泛联系
   C. 可能影响多项认定
   D. 可以界定于某类交易、账户余额和披露的具体认定

2. 对于认定层次重大错报风险发生的可能性,需要考虑的是(　　)。
   A. 管理层风险管理的方法　　　　B. 来自高层的基调
   C. 相关的内部控制活动　　　　　D. 采用的政策和程序

3. 注册会计师在就被审计单位对胜任能力的重视情况进行了解和评估时,不需要考虑的主要因素是(　　)。
   A. 被审计单位是否有书面的行为规范并向所有员工传达
   B. 财会人员是否具备理解和运用会计准则所需的技能
   C. 被审计单位是否配备足够的财会人员以适应业务发展和有关方面的需要
   D. 财会人员以及信息管理人员是否具备与被审计单位业务性质和复杂程度相称的足

够的胜任能力和培训,在发生错误时,是否通过调整人员或系统来加以处理

4. 下列各项中,属于检查性控制的是（　　）。

　　A. 生成收货报告的计算机程序,同时也更新采购档案

　　B. 销货发票上的价格根据价格清单上的信息确定

　　C. 定期编制银行存款余额调节表,跟踪调查挂账的项目

　　D. 在更新采购档案之前必须有收货报告

5. 下列关于内部控制的说法中,不正确的是（　　）。

　　A. 注册会计师对内部控制的了解,主要是评价内部控制的设计和确定内部控制是否得到执行

　　B. 注册会计师对内部控制的了解一般不能代替其对内部控制运行有效性的测试程序

　　C. 内部控制的自动化程序在处理涉及主观判断的状况或交易事项时可能比人工控制更为适当

　　D. 信息技术通常可以降低控制被规避的风险,从而提高被审计单位内部控制的效率和效果

6. 在下列所描述的内部控制中,最有利于被审计单位防止出现漏记购货现象的是（　　）。

　　A. 生成收货报告的计算机程序,同时也更新采购档案

　　B. 在更新采购档案之前必须有收货报告

　　C. 销售发票上的价格根据价格清单上的信息确定

　　D. 计算机将各凭证上的账户号码与会计科目表对比,然后进行一系列的逻辑测试

7. 下列属于注册会计师对被审计单位及其环境进行了解的时间段是（　　）。

　　A. 在承接客户和续约时　　　　　　B. 在进行审计计划时

　　C. 在进行期中审计时　　　　　　　D. 贯穿整个审计过程的始终

8. 下列情形中,最有可能导致注册会计师不能执行财务报表审计的是（　　）。

　　A. 被审计单位管理层没有清晰地区分内部控制要素

　　B. 被审计单位管理层没有根据变化的情况修改相关的内部控制

　　C. 被审计单位管理层凌驾于内部控制之上

　　D. 注册会计师对被审计单位管理层的诚信存在严重疑虑

9. 注册会计师在了解被审计单位控制环境时,可不必考虑的因素是（　　）。

　　A. 被审计单位经营管理的观念和风格　　B. 购货交易是否经过正当批准

　　C. 被审计单位的组织结构　　　　　　　D. 被审计单位的人事政策

10. 对小型被审计单位的审计,由于其通常没有正式的计划或程序来确定目标、战略并管理经营风险,注册会计师应当（　　）。

　　A. 直接将其重大错报风险水平评估为高

　　B. 收集同行业信息,参照同行业水平评估重大错报风险

　　C. 询问管理层或观察小型被审计单位如何应对这些事项,以获取了解,并评估重大错报风险

　　D. 直接视为审计范围受限

11. 注册会计师对相关行业状况、法律环境与监管环境以及其他外部因素了解的范围和程度会因被审计单位所处行业、规模以及其他因素的不同而不同。下列关于了解重点的说法中,错误的是（　　）。

A. 对化工等产生污染的行业,注册会计师可能更关心相关环保法规

B. 对从事计算机硬件制造的被审计单位,注册会计师可能更关心市场和竞争以及技术进步的情况

C. 对金融机构更加关心宏观经济走势以及货币、财政等方面的宏观经济政策

D. 对建筑行业要更加关心其长期合同涉及的收入与成本的重大估计是否恰当

12. 注册会计师在执行财务报表审计业务时,应当重视被审计单位对衍生金融工具的运用。为此,最好在其了解被审计单位的性质时,结合(　　)方面加以了解。

　　A. 经营活动　　　　B. 投资活动　　　　C. 筹资活动　　　　D. 生产毁损

13. 在评估与账户余额或交易有关的重大错报风险时,审计人员应着重考虑的因素是(　　)。

A. 会计准则、法律法规是否影响财务报表使用者对特定项目计量和披露的预期

B. 管理层和治理层的报酬

C. 各类交易、账户余额和披露的性质

D. 财务报表使用者是否特别关注财务报表中单独披露的特定业务分部的财务业绩

14. 在了解被审计单位的内部控制时,注册会计师最应当关注的是(　　)。

A. 内部控制是否按照管理层的意图,实现了经营效率

B. 内部控制是否能够防止或发现并纠正错误或舞弊

C. 内部控制是否明确区分控制要素

D. 内部控制是否没有因串通而失效

15. 在下列各项中,不属于内部控制要素的是(　　)。

　　A. 控制风险　　　　B. 控制活动　　　　C. 对控制的监督　　　　D. 控制环境

16. 注册会计师没有义务实施的程序是(　　)。

A. 查找公司内部控制运行中的所有重大缺陷

B. 了解公司情况及其环境

C. 实施审计程序,以了解公司内部控制的设计

D. 实施穿行测试,以确定公司相关控制活动是否得到执行

17. 在了解内部控制时,注册会计师通常不实施的审计程序是(　　)。

　　A. 了解控制活动是否得到执行　　　　B. 了解内部控制的设计

　　C. 记录了解的内部控制　　　　　　　D. 寻找内部控制运行中的缺陷

18. 在确定控制活动是否能够防止或发现并纠正重大错报时,下列审计程序中可能无法实现这一目的的是(　　)。

　　A. 询问员工执行控制活动的情况　　　　B. 使用高度汇总的数据实施分析程序

　　C. 观察员工执行的控制活动　　　　　　D. 检查文件和记录

19. 内部控制无论如何设计和执行只能对财务报告的可靠性提供合理保证,其原因是(　　)。

A. 建立和维护内部控制是公司管理层的职责

B. 内部控制的成本不应超过预期带来的收益

C. 在决策时人为判断可能出现错误

D. 对资产和记录采取适当的安全保护措施是公司管理层应当履行的经管责任

20. 职责分离要求将不相容的职责分配给不同员工。下列职责分离做法中,正确的

是（　　）。
    A. 交易授权、交易执行、交易付款分离　　B. 交易授权、交易记录、资产保管分离
    C. 资产保管、交易执行、交易报告分离　　D. 交易授权、交易付款、交易记录分离
  21. 下列关于了解内部控制的说法中，错误的是（　　）。
    A. 如果认为仅通过实质性程序无法将认定层次的检查风险降至可接受的低水平，应当了解相关的内部控制
    B. 针对特别风险，应当了解与该风险相关的控制
    C. 当某重要业务流程有显著变化时，应当根据变化的性质及其对相关账户发生重大错报的影响程度，考虑是否需要对变化前后的业务都执行穿行测试
    D. 应当了解所有与财务报告相关的控制

## 二、多项选择题

  1. 下列关于特别风险的描述中，正确的有（　　）。
    A. 注册会计师应当了解、评估并测试针对特别风险的控制
    B. 如果针对特别风险仅实施实质性程序，注册会计师只能使用细节测试
    C. 注册会计师应当对拟信赖的针对特别风险的控制在本审计期间的运行有效性实施测试
    D. 如果认为评估的认定层次的重大错报风险是特别风险，注册会计师应当专门针对该风险实施实质性程序
  2. 下列有关特别风险的说法中，正确的有（　　）。
    A. 注册会计师应当专门针对识别的特别风险实施实质性程序，如果针对特别风险仅实施实质性程序，注册会计师应当使用细节测试，或与实质性分析程序相结合
    B. 如果管理层未能实施控制以恰当应对特别风险，注册会计师应当认为内部控制存在重大缺陷，并考虑其对风险评估的影响
    C. 如果管理层未能实施控制以恰当应对特别风险，注册会计师应当就此类事项与管理层沟通
    D. 如果计划测试旨在减轻特别风险的控制运行的有效性，注册会计师不应依赖以前审计获取的关于内部控制运行有效性的审计证据
  3. 在了解被审计单位控制环境时，注册会计师应当关注的内容有（　　）。
    A. 被审计单位治理层相对于管理层的独立性
    B. 被审计单位管理层的理念和经营风格
    C. 被审计单位员工整体的道德价值观
    D. 被审计单位对控制的监督
  4. 注册会计师应当从（　　）方面了解与财务报告有关的信息系统。
    A. 在被审计单位经营过程中，对财务报表具有重大影响的各类交易
    B. 信息系统如何获取除各类交易之外的对财务报表具有重大影响的事项和情况的信息
    C. 管理层凌驾于账户记录控制之上的风险
    D. 被审计单位编制财务报表的过程
  5. 下列属于了解内部控制步骤的有（　　）。
    A. 评估内部控制的设计
    B. 记录相关的内部控制

C. 识别需要降低的风险以预防财务报表发生重大错报
D. 评估控制的执行,主要是实施穿行测试,以确信识别的内部控制实际上存在

6. 注册会计师在了解和评估被审计单位的控制环境时,应该考虑的方面包括(    )。

   A. 人力资源政策与实务          B. 对胜任能力的重视
   C. 对诚信和道德价值观念的沟通与落实    D. 治理层的参与程度

7. 注册会计师对被审计单位整体层面的控制活动进行的了解和评估,主要是针对被审计单位的一般控制活动,在了解和评估一般控制活动时考虑的主要因素可能包括(    )。

   A. 是否建立了适当的保护措施,以防止未经授权接触文件、记录和资产
   B. 会计系统中的数据是否与实物资产定期核对
   C. 管理层是否采纳内部审计人员和注册会计师有关内部控制的建议
   D. 被审计单位的主要经营活动是否都有必要的控制政策和程序

8. 在识别和了解业务流程层面的内部控制时,注册会计师会用到询问的方法,下列说法中,正确的有(    )。

   A. 询问被审计单位各级别的负责人员是识别和了解控制采用的主要方法
   B. 业务流程越复杂,注册会计师越有必要询问信息系统人员
   C. 为了辨别重要控制,应先询问级别较高的人员,再询问级别较低的人员
   D. 了解管理层对控制运行情况的熟悉程度,应先询问级别较低的人员,再询问级别较高的人员

9. 在了解被审计单位内部控制时,注册会计师通常会(    )。

   A. 查阅上期工作底稿
   B. 追踪交易在财务报告信息系统中的处理过程
   C. 重新执行某项控制
   D. 现场观察某项控制的运行

10. 在内部控制的各构成要素中,与被审计单位特定业务流程相关的有(    )。

    A. 信息技术的一般控制          B. 风险评估过程
    C. 控制活动                    D. 信息系统

11. 被审计单位下列控制活动中,属于经营业绩评价方面的有(    )。

    A. 由内部审计部门定期对内部控制的设计和执行效果进行评价
    B. 定期与客户对账并发现的差异进行调查
    C. 对照预算、预测和前期实际结果,对公司的业绩复核和评价
    D. 综合分析财务数据和经营数据之间的内在关系

12. 注册会计师了解被审计单位的性质,包括对被审计单位经营活动的了解。为此,应当了解的内容有(    )。

    A. 劳动用工情况以及与生产产品或提供劳务相关的市场信息
    B. 主营业务的性质,生产设施、仓库的地理位置及办公地点
    C. 从事电子商务的情况,技术研究与产品开发活动及其支出
    D. 联合经营与业务外包,地区与行业分布,固定资产的租赁

13. 注册会计师通过对被审计单位的财务业绩的衡量和评价来了解被审计单位及其环

境,可以获得的信息来源主要包括(　　　　)。

　　A. 被审计单位管理层作出的分部信息和分支机构的业绩报告

　　B. 被审计单位治理层作出的预算及差异分析报告

　　C. 注册会计师利用分析程序作出的财务分析报告

　　D. 信用评级机构作出的报告

14. 注册会计师可以从(　　　　)方面了解被审计单位的法律环境及监管环境。

　　A. 与被审计单位相关的税务法规是否发生变化

　　B. 国家货币、财政、税收和贸易等方面政策的变化是否会对被审计单位的经营活动产生影响

　　C. 是否存在新出台的法律法规

　　D. 国家对某一行业的企业是否有特殊的监管要求

15. 注册会计师可以从外部和内部两个方面获取信息了解被审计单位及其环境,其中从外部获得的信息包括(　　　　)。

　　A. 国家对于被审计单位所处行业的特殊监管要求

　　B. 政府部门或民间组织发布的行业报告和统计数据

　　C. 贸易与经济方面的报纸杂志信息

　　D. 法规或金融出版物

16. 下列关于风险评估的理解中,正确的有(　　　　)。

　　A. 注册会计师在风险评估程序中实施的分析程序有助于识别异常的交易或事项,以及对财务报表和审计产生影响的金额、比率和趋势

　　B. 在财务报表审计业务中,了解被审计单位的性质不仅有助于注册会计师理解预期在财务报表中反映的各类交易、账户余额,而且有助于其理解财务报表的披露与分析

　　C. 预防性控制通常并不适用于业务流程中的所有交易,而适用于一般业务流程以外的已经处理或部分处理的某类交易

　　D. 某企业通过高度自动化的系统确定采购品种和数量,生成采购订单,并通过系统中设定的收货确认和付款条件进行付款。除了系统中的相关信息以外,该企业没有其他有关订单和收货的记录。在这种情况下,如果认为仅通过实施实质性程序不能获取充分、适当的审计证据,注册会计师也不应当考虑依赖的相关控制的有效性

17. A注册会计师负责对甲公司2021年度财务报表进行审计。在正式审计前,A注册会计师组织项目组进行讨论,其组织讨论的主要目的有(　　　　)。

　　A. 强调遵守职业道德的必要性

　　B. 按照时间预算完成审计工作

　　C. 分享对甲公司及其环境了解所形成的见解

　　D. 考虑甲公司由于舞弊导致重大错报的可能性

18. A注册会计师负责对甲公司2021年度财务报表进行审计。在正式审计前,A注册会计师组织项目进行讨论,要求参与项目组讨论的人员有(　　　　)。

　　A. 项目负责人　　　　　　　　　B. 关键审计人员

　　C. 聘请的特定领域专家　　　　　D. 项目质量控制复核人员

19. 下列与控制测试有关的表述中,正确的有(　　　　)。

　　A. 如果控制设计不合理,则不必实施控制测试

B. 如果在评估认定层次重大错报风险时预期控制的运行是有效的,则应当实施控制测试

C. 如果认为仅实施实质性程序不足以提供认定层次充分、适当证据,则应实施控制测试

D. 对特别风险,即使拟信赖的相关控制没有发生变化,也应在本次审计中实施控制测试

20. 在了解被审计单位及其环境时,注册会计师可能实施的风险评估程序有(　　)。
A. 询问管理层和内部其他人员　　B. 实地查看生产经营场所和设备
C. 检查文件、记录和内部控制手册　　D. 重新执行内部控制

21. 在财务报表重大错报风险的评估过程中,注册会计师应当确定,识别的重大错报风险是与特定的某类交易、账户余额和披露的认定相关,还是与财务报表整体广泛相关,进而影响多项认定。如果是后者,则属于财务报表层次的重大错报风险。注册会计师应当针对评估的财务报表层次重大错报风险确定的总体应对措施有(　　)。
A. 向项目组强调在收集和评价审计证据过程中保持职业怀疑态度的必要性
B. 分派更有经验或具有特殊技能的审计人员,或利用专家的工作
C. 在选择进一步审计程序时,应当注意使某些程序不被管理层预见或事先了解
D. 发表保留或否定意见审计报告

### 三、简答题

1. 内部控制程序与控制测试程序有什么联系与区别?
2. 什么是内部控制?简述内部控制的五要素。
3. 风险评估的程序有哪些?
4. 如何了解被审计单位及其环境?
5. ABC 会计师事务所的 A 和 B 注册会计师,对 XYZ 股份有限公司 2021 年度财务报表审计,在了解该公司的内部控制时,了解到如表 2-7 所列内部控制,请指出这些内部控制所影响到的认定。

表 2-7　　　　　　　XYZ 股份有限公司内部控制

| 内　部　控　制 | 认　　定 |
| --- | --- |
| 1. 信用部门的职员在其信用政策范围内,批准赊销 |  |
| 2. 验收报告单经过连续编号 |  |
| 3. 按批准的商品价目表所列价格开具账单 |  |
| 4. 银行存款支出交易同编制银行存款余额调节表相分离 |  |
| 5. 保持存货的永续盘存记录 |  |

## 任务二　执行控制测试程序

### 一、单项选择题

1. 如被审计单位相关内部控制发生显著变动,注册会计师在进行控制测试时,

应( )。

　　A. 重点测试变动以后的内部控制

　　B. 重点测试内部控制的变动对相关财务报表项目的影响

　　C. 对变动前后的内部控制分别进行测试

　　D. 对内部控制的变动原因进行详细了解

　2. 下列关于控制测试的说法中,不正确的是( )。

　　A. 控制测试与了解内部控制的目的不同,但两者有时可以采用相同的审计程序类型

　　B. 控制测试与细节测试的目的不同,但注册会计师可以考虑针对同一交易同时实施控制测试和细节测试,以实现双重目的

　　C. 如果确定评估的认定层次重大错报风险是特别风险,并拟信赖旨在减轻特别风险的控制,注册会计师可以信赖以前审计获取的证据而不再测试

　　D. 注册会计师可以考虑在评价控制设计和获取其得到执行的审计证据的同时测试控制运行有效性,以提高审计效率

　3. 注册会计师在了解及评价被审计单位内部控制后,实施控制测试的范围是( )。

　　A. 对财务报表有重大影响的内部控制　　B. 并未有效运行的内部控制

　　C. 有重大缺陷的内部控制　　D. 拟信赖的内部控制

　4. 注册会计师在确定控制测试的时间时,下列说法中,不恰当的是( )。

　　A. 对于控制测试,注册会计师在期中实施此类程序具有更积极的作用

　　B. 注册会计师观察某一时点的控制,则可获取该控制在被审期间有效运行的审计证据

　　C. 注册会计师即使已获取控制在期中运行有效性的审计证据,仍需将控制运行有效性的审计证据合理延伸至期末

　　D. 注册会计师如果将询问与检查或重新执行结合使用,通常能够获得控制有效性的审计证据

　5. 下列有关控制测试目的的说法中,正确的是( )。

　　A. 控制测试旨在评价内部控制在防止或发现并纠正认定层次重大错报方面的运行有效性

　　B. 控制测试旨在发现认定层次发生错报的金额

　　C. 控制测试旨在验证实质性程序结果的可靠性

　　D. 控制测试旨在确定控制是否得到执行

　6. 如果注册会计师在期中执行了控制测试,并获取了控制在期中运行有效性的审计证据,下列说法中,正确的是( )。

　　A. 如果在期末实施实质性程序未发现某项认定存在错报,说明与该项认定相关的控制是有效的,不需要再对相关控制进行测试

　　B. 如果某一控制在剩余期间内发生变动,在评价整个期间的控制运行有效性时,无需考虑期中测试的结果

　　C. 对某些自动化运行的控制,可以通过测试信息系统一般控制的有效性获取控制在剩余期间运行有效的审计证据

　　D. 如果某一控制在剩余期间内未发生变动,不需要补充剩余期间控制运行有效性的审计证据

　7. 下列关于了解内部控制与控制测试两者关系的说法中,不正确的是( )。

　　A. 了解内部控制与控制测试是不同的

B. 了解内部控制绝不能取代控制测试

C. 内部控制存在固有局限性，无论如何设计和执行，只能对财务报告的可靠性提供合理的保证

D. 控制测试是确定内部控制运行是否有效，从而确定实质性程序的性质、时间和范围

8. 只有认为控制设计合理，能够防止或发现和纠正认定层次的重大错报，注册会计师才有必要进行（　　）。

　　A. 细节测试　　　　　　　　　　　B. 实质性测试
　　C. 控制测试　　　　　　　　　　　D. 了解内部控制程序

## 二、多项选择题

1. 注册会计师在确定某项控制的测试范围时，如果（　　），应该进行的控制测试范围越大。

　　A. 控制的预期偏差率越低
　　B. 拟信赖控制运行有效性的期间越长
　　C. 控制执行的频率越高
　　D. 对审计证据的相关性和可靠性的要求越低

2. 下列关于控制测试的说法中，恰当的有（　　）。

　　A. 如果注册会计师认为内部控制的设计能够防止或发现并纠正财务报表认定层次的重大错报且已执行时，应对控制运行的有效性实施测试
　　B. 注册会计师应对被审计单位的所有内部控制测试其有效性
　　C. 如果被审计单位在所审期间内不同时期使用了不同的控制，注册会计师应当考虑不同时期控制运行的有效性
　　D. 注册会计师可以考虑在评价控制设计和获取其得到执行的审计证据的同时测试控制运行的有效性，以提高审计效率

3. 在确定控制测试的范围时，注册会计师正确的做法有（　　）。

　　A. 在整个拟信赖的期间，控制执行的频率越高，控制测试的范围越大
　　B. 如果控制的预期偏差率较高，通常应当考虑扩大实施控制测试的范围
　　C. 对于一项持续有效运行的自动化控制，通常应当考虑扩大实施控制测试的范围
　　D. 如果拟信赖控制运行有效性的时间长度较长，通常应当考虑扩大实施控制测试的范围

4. 出现下列（　　）情况，注册会计师可不进行控制测试而直接实施实质性程序。

　　A. 相关的内部控制不存在
　　B. 相关的内部控制制度未有效执行
　　C. 控制测试的工作量可能大于进行控制测试所减少的实质性程序的工作量
　　D. 控制测试的工作量可能小于进行控制测试所减少的实质性程序的工作量

5. 在测试内部控制的运行有效性时，注册会计师应当获取的审计证据有（　　）。

　　A. 控制是否存在
　　B. 控制在所审计期间不同时点是如何运行的
　　C. 控制是否得到一贯执行
　　D. 控制由谁执行

6. 下列关于控制测试的表述,正确的有(　　　　)。

A. 如果控制设计不合理,则不必实施控制测试

B. 如果在评估认定层次重大错报风险时预期控制的运行是有效的,则应当实施控制测试

C. 如认为仅实施实质性程序不足以提供认定层次充分、适当证据,则应实施控制测试

D. 对特别风险,即使拟信赖的相关控制没有发生变化,也应在本次审计中实施控制测试

7. 在根据特定控制性质选择所需实施的审计程序时,注册会计师应考虑的主要因素有(　　　　)。

A. 控制是否存在反映运行有效性的文件

B. 控制是否与认定直接相关

C. 控制是否属于自动化应用控制

D. 控制是否与认定间接相关

8. 在确定控制测试的性质时,注册会计师正确的做法有(　　　　)。

A. 当拟实施的进一步审计程序以控制测试为主时,应当获取有关控制运行有效性的更高的保证水平

B. 根据特定控制的性质选择所需实施审计程序的类型

C. 询问本身不足以测试控制运行的有效性,应当与其他审计程序结合使用

D. 考虑测试与认定直接相关和间接相关的控制

9. 在确定控制测试的范围时,注册会计师通常考虑的主要因素有(　　　　)。

A. 对控制运行的拟信赖程度
B. 控制的预期偏差率

C. 信息技术的应用程序
D. 拟信赖控制运行有效性的时间长度

### 三、简答题

1. 什么是控制测试?如何确定控制测试的性质、时间和范围?

2. 确定控制测试的性质时应考虑的主要因素有哪些?

## 任务三　执行实质性程序

### 一、单项选择题

1. 下列有关实质性程序的表述中,不恰当的是(　　　　)。

A. 细节测试是对各类交易、账户余额和披露的具体细节进行测试,目的在于直接识别财务报表认定是否存在错报

B. 实质性分析程序从技术特征来说仍然是分析程序,主要是通过研究数据间关系评价信息,只是将该技术方法用作实质性程序,即用以识别各类交易、账户余额和披露及相关认定是否存在错报

C. 细节测试适用于对各类交易、账户余额和披露认定的测试,尤其是对存在或发生、计价认定的测试;对在一段时期内存在可预期关系的大量交易,注册会计师可以考虑实施实质性分析程序

D. 注册会计师需要根据不同的认定层次的重大错报风险设计有针对性的细节测试,针

对完整性认定设计细节测试时,注册会计师应该选择包含在财务报表金额中的项目,并获取相关审计证据

2. 下列说法不正确的是(　　)。

A. 设计实施进一步审计程序的性质、时间和范围的依据是注册会计师识别的风险是否重大

B. 财务报表层次的重大错报风险很可能源于薄弱的控制环境

C. 如果多项控制活动能够实现同一目标,注册会计师不必了解与该目标相关的每项控制活动

D. 被审计单位通常有一些与审计无关的控制,注册会计师无需对其加以考虑

3. 对于小规模企业,注册会计师通常可主要或全部依赖(　　)获取审计证据,将检查风险降至可接受水平。

A. 控制测试　　　B. 实质性程序　　　C. 重新执行　　　D. 询问

4. 分析程序是注册会计师执行财务报表审计业务时运用的一种重要的审计程序。这种程序通常适合于审计(　　)。

A. 连续三年中各年营业成本占营业收入的比例

B. 连续三年中各年预付账款与当年年末应收账款的比例

C. 被审计期间实际发生的坏账损失占当年年末应收票据的比例

D. 相邻两个会计期间营业外支出中包含的无形资产的损失情况

## 二、多项选择题

1. 注册会计师在确定是否在期中实施实质性程序时,应当考虑(　　)。

A. 控制环境和其他相关的控制越薄弱,注册会计师越不宜在期中实施实质性程序

B. 如果实施实质性程序所需信息在期中之后可能难以获取,注册会计师应考虑在期中实施实质性程序

C. 注册会计师评估的某项认定的重大错报风险越高,注册会计师越应当考虑将实质性程序集中于期末(或接近期末)实施

D. 对收入截止认定、或有负债等的审查必须在期末(或接近期末)实施实质性程序

2. 出现下列(　　)情况,注册会计师可不进行控制测试而直接实施实质性程序。

A. 相关的内部控制不存在

B. 相关的内部控制制度未有效执行

C. 控制测试的工作量可能大于进行控制测试所减少的实质性程序的工作量

D. 控制测试的工作量可能小于进行控制测试所减少的实质性程序的工作量

3. 注册会计师在确定进一步审计程序的时间时应当考虑的因素,主要包括(　　)。

A. 审计意见的类型　　　　　　　　　B. 评估的认定层次重大错报风险

C. 错报风险的性质　　　　　　　　　D. 审计证据适用的期间或时点

4. 进一步审计程序是指注册会计师针对评估的各类交易、账户余额和披露认定层次重大错报风险实施的审计程序。以下关于进一步审计程序的说法中,正确的有(　　)。

A. 风险的后果越严重,就越需要注册会计师关注和重视,越需要精心设计有针对性的进一步审计程序

B. 重大错报发生的可能性越大,越需要注册会计师精心设计进一步审计程序

C. 不同性质的控制（无论是人工控制还是自动化控制）对注册会计师设计进一步的审计程序具有重要影响

D. 不同的交易、账户余额和披露产生的认定层次的重大错报风险的差异越大，适用的审计程序的性质的差别越大

5. 下列情形适合于进一步审计程序的有（　　）。
A. 分析程序　　　　B. 风险评估程序　　　C. 监盘　　　　D. 重新执行

6. 下列有关实质性程序的表述，正确的有（　　）。
A. 当使用实质性分析程序比细节测试能更有效地将认定层次的检查风险降低至可接受的水平时，实质性分析程序可以用作实质性程序

B. 当仅实施实质性程序并不能提供认定层次充分、适当的审计证据时，注册会计师应当实施控制测试，以获取内部控制运行有效性的审计证据

C. 注册会计师评估的某项认定的重大错报风险越高，针对该认定所需获取的审计证据的相关性和可靠性要求越低，注册会计师越应当考虑将实质性程序集中于期中实施

D. 如果实施控制测试很可能不符合成本效益原则，注册会计师可能认为仅实施实质性程序就是适当的

7. 在对与虚假销售有关的舞弊风险进行评估后，注册会计师决定增加审计程序的不可预见性。下列审计程序中，通常能够达到这一目的的有（　　）。
A. 以往通常是对收入直接进行比率分析，现决定对收入按细类进行分析

B. 对大额应收账款进行函证

C. 对销售交易的具体条款进行函证

D. 在监盘时对账面金额较小的存货实施检查程序

8. 在针对特别风险计划何时实施进一步审计程序时，注册会计师可能采取的做法有（　　）。
A. 实施控制测试和实质性程序　　　　B. 实施细节测试和实质性分析程序
C. 仅实施控制测试　　　　　　　　　D. 仅实施实质性分析程序

## 三、简答题

1. 如何考虑以前审计获取的审计证据？

2. 确定实质性程序的范围的原则有哪些？需要考虑哪些因素？

3. 注册会计师在审查宏达公司固定资产时，发现宏达公司在被审计年度新增了以下几种固定资产：从大雅公司购进的A机床；由华东建筑公司新建完工、已交付使用的实验楼；从投资公司融资租入的数码机床；由联大公司投资转入的运输设备。

请回答：注册会计师应如何查实各类固定资产的所有权及入账价值？

4. E注册会计师在审查大华公司2021年度会计报表前，正在研究评价大华公司的相关内部控制，据以确定其实质性测试的性质时间和范围。

请回答：

（1）大华公司为了确保其登记入账的销货业务确实发货给真正的顾客，应当实施哪些具体的关键内部控制？

（2）E注册会计师应实施何种控制测试程序，证实大华公司的关键内部控制能保证其所记录的购货业务估价正确？

（3）大华公司应规定哪些措施，方可使其筹资与投资有关业务的表达与披露处于良好的控制之下？

（4）为了证实大华公司是否将所有的耗费和劳动均反映在生产成本中，E注册会计师应实施哪些有针对性的控制测试程序？

# 项 目 实 训

## 实 训 一

**1. 资料**：公开发行股票的X股份有限公司（以下简称"X公司"）系ABC会计师事务所的审计客户。甲和乙注册会计师负责对X公司2021年度财务报表进行审计，经初步了解，X公司2021年度的经营形势、管理和经营机构与2020年度比较未发生重大变化，且未发生重大重组行为。甲和乙注册会计师获取的被审计单位营业收入、营业成本的数据如表2-8所示。2021年A产品和B产品季度营业收入的数据如表2-9所示。

表2-8　　　　　　　　　X公司营业收入、营业成本数据　　　　　　　　单位：万元

| 产品 | 营业收入 2020年 | 营业收入 2021年 | 营业成本 2020年 | 营业成本 2021年 |
| --- | --- | --- | --- | --- |
| A产品 | 5 000 | 6 000 | 4 000 | 3 500 |
| B产品 | 2 400 | 2 500 | 1 800 | 1 850 |
| 合计 | 7 400 | 8 500 | 5 800 | 5 350 |

表2-9　　　　　　　　　　2021年季度营业收入数据　　　　　　　　　　单位：万元

| 项目 | 第一季度 | 第二季度 | 第三季度 | 第四季度 |
| --- | --- | --- | --- | --- |
| A产品营业收入 | 1 250 | 1 200 | 1 200 | 1 550 |
| B产品营业收入 | 600 | 550 | 580 | 770 |

**2. 要求**：

（1）针对上述资料，运用分析程序，指出X公司可能存在的重大错报风险。

（2）针对资料存在的重大错报风险，指出注册会计师应实施的主要审计程序。

## 实 训 二

**1. 资料**：甲公司主要从事小型电子消费品的生产和销售。A注册会计师负责审计甲公司2021年度财务报表。

（1）A注册会计师在审计工作底稿中记录了所了解的甲公司情况及其环境，部分内容摘录如下：

甲公司于2021年年初完成了部分主要产品的更新换代。由于利用现有主要产品（T产

品)生产线生产的换代产品(S产品)的市场销售情况良好,甲公司自2021年2月起大幅减少了T产品的产量,并于2021年3月终止了T产品的生产和销售。S产品和T产品的生产所需原材料基本相同,原材料平均价格相比上年上涨了约2%。由于S产品的功能更加齐全且设计新颖,其平均售价比T产品高约10%。

(2) A注册会计师在审计工作底稿中记录了所获取的甲公司财务数据,部分内容摘录如表2-10所示。

表2-10　　　　甲公司2020年和2021年财务数据(部分内容)　　　金额单位:万元

| 年份 | 2021年未审数 | | | 2020年已审数 | | |
|---|---|---|---|---|---|---|
| 产品 | S产品 | T产品 | 其他产品 | S产品 | T产品 | 其他产品 |
| 营业收入 | 32 340 | 3 000 | 20 440 | 0 | 28 500 | 18 000 |
| 营业成本 | 27 500 | 2 920 | 19 800 | 0 | 27 200 | 15 300 |
| 存货 | S产品 | T产品 | 其他存货 | S产品 | T产品 | 其他存货 |
| 减:存货跌价准备 | 0 | 0 | 0 | 0 | 0 | 0 |

**2. 要求**:结合所给资料,假定不考虑其他条件,指出资料(1)所述事项是否可能表明存在重大错报风险。如果认为存在,简要说明理由,并分别说明该风险主要与哪些财务报表项目(仅限于营业收入、营业成本、存货、长期股权投资、无形资产和预计负债)的哪些认定相关。

# 项目三　获取审计证据

## 学 习 指 导

### 任务一　认知审计证据的概念和种类

#### 一、审计证据的含义和作用

审计证据,是指注册会计师为了得出审计结论和形成审计意见而使用的信息,主要包括构成财务报表基础的会计记录所含有的信息和其他的信息。审计证据的作用主要体现在以下几个方面:

(1) 审计证据是作出审计结论的基础。
(2) 审计证据是表示审计意见的根据。
(3) 审计证据是确定解除和追究被审计人应负经济责任的根据。
(4) 审计证据是控制审计工作质量的重要手段。

#### 二、审计证据的种类

审计证据可以按照不同的标准分成不同的类别,具体分类标准及内容如表3-1所示。

表 3-1　　　　　审计证据的具体分类标准及内容

| 分 类 标 准 | 分 类 内 容 |
| --- | --- |
| 按形式分类 | 实物证据、口头证据、环境证据、书面证据 |
| 按来源分类 | 内部证据、外部证据、亲历证据 |
| 按相关程度分类 | 直接证据、间接证据 |
| 按相互关系分类 | 基本证据、辅助证据 |

### 任务二　认知审计证据的特性和特征

审计证据的充分性,是对审计证据数量的衡量。注册会计师需要获取的审计证据的数量受其对重大错报风险评估的影响,并受审计证据质量的影响。

审计证据的适当性,是对审计证据质量的衡量,即审计证据在支持审计意见所依据的结论方面具有的相关性和可靠性。

## 任务三　整理、分析与评价审计证据

### 一、收集审计证据

收集审计证据是指审计人员为了发现和取得证据所进行的活动。取证是整个审计活动的关键环节,既关系到审计工作的效果,又关系到审计质量的好坏。

根据我国审计准则的规定,注册会计师可以采用检查、监盘、观察、查询及函证、计算、分析性复核、重新执行来获取审计证据。《中华人民共和国审计法》中规定的取证方式和途径有审查、审阅、检查和调查等。

（1）检查。检查是审计人员经常采用的取得审计证据的方式,检查的主要内容是被审计单位的会计凭证、会计账簿、会计报表等书面文件资料。

（2）监盘。监盘是审计人员现场监督被审计单位各种实物资产及现金、有价证券等的盘点,并进行适当的抽查。同时,在监盘时,审计人员还应对实物资产的质量及所有权予以关注。

（3）观察。观察是审计人员对被审计单位的经营场所、实物资产和有关业务活动及其内部控制的执行情况所进行的实地察看。

（4）查询和函证。查询是审计人员对有关人员进行的书面或口头询问;函证是审计人员为了印证被审计单位会计记录事项而向第三者发函询证。

（5）计算。计算是审计人员对被审计单位的原始凭证及会计记录中数据的验算或另行计算。

（6）分析性复核。分析性复核是审计人员对被审计单位的比率或趋势进行的分析,包括:调查异常变动以及这些重要比率或趋势与预期数额和相关信息的差异。常用的分析性复核方法有比较分析法、比率分析法和趋势分析法等。

（7）重新执行。重新执行是注册会计师以人工方式或使用计算机辅助审计技术,重新独立执行作为被审计单位内部控制组成部分的程序或控制。

### 二、鉴定审计证据

鉴定审计证据,首先是鉴定证据本身的真实性及可靠程度,认定具有证明事项能力的资料,对不具有真实性的资料予以舍弃;其次是鉴定证据资料与被审计事项的相关性,能否直接或间接地证明被审计事项,对那些没有关系的证据也应舍弃;最后是判断证据内容是否重要,即证据的内容应该是证明和评价被审计事项所不可缺少的。

### 三、整理审计证据

整理审计证据是指把经过鉴定的审计证据进行归纳、分类和综合,把具有个别证据力的分散的审计证据有机地联系起来,形成综合证明力,以证明被审计事项。

审计证据整理的基本方法主要有分类法、计算法、比较法、小结法和综合法。

审计证据整理的基本技巧主要有矛盾解决法、联系整理法和共性归集法。

# 练 习 题

## 任务一 认知审计证据的概念和种类

### 一、单项选择题

1. 关于审计证据的含义，在以下理解中，不恰当的是（　　）。
   A. 注册会计师仅仅依靠会计记录不能有效形成结论，还应当获取其他信息的审计证据
   B. 注册会计师对财务报表发表审计意见的基础是会计记录中含有的信息
   C. 如果会计记录是电子数据，注册会计师必须对生成这些信息所依赖的内部控制予以充分关注
   D. 注册会计师将会计记录和其他信息两者结合在一起，才能将审计风险降至可接受的低水平，为发表审计意见提供合理基础

2. 注册会计师实施的下列控制测试程序中，通常能获取最可靠审计证据的是（　　）。
   A. 询问　　　　　　　　　　　　B. 检查控制执行留下的书面证据
   C. 观察　　　　　　　　　　　　D. 重新执行

3. 注册会计师在对预计负债完整性认定进行审计时，下列审计程序中，通常不能提供审计证据的是（　　）。
   A. 分析律师费用的异常变动　　　B. 检查董事会会议纪要
   C. 向往来银行进行询证　　　　　D. 从预计负债明细账追查至记账凭证

4. 下列审计证据中，注册会计师通常还应当获取其他类型的佐证证据的是（　　）。
   A. 重新计算　　B. 检查　　C. 询问　　D. 函证

5. （　　）是指以实物的外部特征和内含性能来证明事物真相的各种财产物资。
   A. 环境证据　　B. 口头证据　　C. 书面证据　　D. 实物证据

6. （　　）是指以文字记载的内容来证明被审计事项的各种书面资料。
   A. 实物证据　　B. 加工证据　　C. 书面证据　　D. 辅助证据

7. 注册会计师获取的下列书面证据中，证明力最强的是（　　）。
   A. 管理当局声明书
   B. 用作记账联的销售发票
   C. 被审计单位的工资结算单
   D. 注册会计师编制的"原材料抽查盘点表"

8. 下列不属于可用作审计证据的其他信息的是（　　）。
   A. 注册会计师从被审计单位内部或外部获取的会计记录以外的信息
   B. 通过询问、观察和检查等审计程序获取的信息
   C. 财务报表依据的会计记录中含有的信息
   D. 自身编制或获取的可以通过合理推断得出结论的信息

9. 审计人员对现金进行监盘后填制的库存现金监盘表属于（　　）。
   A. 外部证据　　B. 环境证据　　C. 内部证据　　D. 亲历证据

10. 被审计单位编制的工薪结算表属于下列各项审计证据中的（　　）。
    A. 亲历证据　　B. 外部证据　　C. 内部证据　　D. 实物证据

11. 下列各项审计证据中,属于亲历证据的是( )。
  A. 审计人员编制的计算表　　　　　B. 银行对账单
  C. 专利权证书　　　　　　　　　　D. 材料入库单
12. 对被审计事项的某一审计目标有重要的、直接证明作用的审计证据是( )。
  A. 亲历证据　　B. 内部证据　　C. 辅助证据　　D. 基本证据
13. 在审计证据中占主要部分,数量多、来源广的审计证据是( )。
  A. 实物证据　　　　　　　　　　B. 书面证据
  C. 口头证据　　　　　　　　　　D. 视听或电子证据
14. 下列各项证据中,属于内部证据的是( )。
  A. 审计人员监督财产物资盘点而取得的审计证据
  B. 审计人员观察被审计单位经济业务执行情况所取得的审计证据
  C. 被审计单位提供的其他单位填制的发票、收据、对账单等
  D. 银行询证函回函
15. 下列审计证据中,属于亲历证据的是( )。
  A. 审计人员编制的应收账款账龄分析表
  B. 审计人员从被审计单位获得的采购合同
  C. 审计人员取得的银行对账单
  D. 审计人员函证应收账款时收到的债务单位回函
16. 对存货的监盘结果只能证明存货是否存在、是否毁损、短缺,却不能证明存货的计价和分摊是否正确和所有权归属问题,对这一点,鉴定审计证据的根据是( )。
  A. 鉴定审计证据的客观性　　　　B. 鉴定审计证据的可靠性
  C. 鉴定审计证据的合法性　　　　D. 鉴定审计证据的相关性
17. 下列审计证据中,证明力最强的是( )。
  A. 被审计单位编制的工资结算表　　B. 被审计单位提供的采购合同
  C. 被审计单位财务经理的口头答复　　D. 审计人员直接收到的函证回函
18. 下列审计证据中,证明力最强的是( )。
  A. 被审计单位提供的证明材料　　B. 被审计单位会计人员的言辞证据
  C. 有关审计事项的环境证据　　　D. 审计人员亲自编制的相关资料
19. 下列各项证据中,( )的证明力最强。
  A. 实物证据　　B. 书面证据　　C. 口头证据　　D. 环境证据
20. 下列证据中,属于内部证据的是( )。
  A. 火车票　　B. 销货发票　　C. 银行对账单　　D. 差旅费借款单

## 二、多项选择题

1. 在测试自动化应用控制的运用有效性时,通常需要获取的审计证据有( )。
  A. 抽取多笔交易进行检查获取的审计证据
  B. 对多个不同时点进行观察获取的审计证据
  C. 该项控制得到执行的审计证据
  D. 信息技术一般控制运行有效性的审计证据
2. 对于以前审计获取的有关下列控制运行有效性的审计证据,在本期审计中,通常不能

直接利用的有（　　　　）。
A. 信息技术一般控制　　　　　　B. 自动化应用控制
C. 自上次测试后已发生变化的控制　D. 旨在减轻特别风险的控制

3. 按审计证据的表现形态分类,可以分为（　　　　）。
A. 环境证据　　　B. 实物证据　　　C. 书面证据　　　D. 言辞证据

4. 在被审计单位收集的环境证据,主要包括（　　　　）。
A. 管理条件、管理水平　　　　　　B. 内部控制是否良好
C. 关联方交易　　　　　　　　　　D. 管理人员素质

5. 外部证据是指由被审计单位以外的组织机构或人士所编制的书面证据,其中包括（　　　　）。
A. 应收账款函证回函　　　　　　　B. 被审计单位开具的支票
C. 购货发票　　　　　　　　　　　D. 被审计单位管理当局声明书

6. 注册会计师可采用（　　　　）审计程序,获取实物证据,以验证被审计单位资产的存在性。
A. 检查实物资产　B. 观察　　　　C. 函证　　　　　D. 检查书面资料

7. 下列审计证据类型中,属于按来源分类的有（　　　　）。
A. 外部证据　　　B. 环境证据　　　C. 亲历证据　　　D. 内部证据

8. 下列各项审计证据中,属于来自被审计单位内部证据的有（　　　　）。
A. 被审计单位已对外报送的财务报表
B. 被审计单位提供的银行对账单
C. 被审计单位律师关于未决诉讼的声明书
D. 被审计单位管理层声明书

9. 下列关于实物证据的说法中,正确的有（　　　　）。
A. 实物证据是指以实物存在并以其外部特征和内在本质证明被审计事项的证据
B. 实物证据通常包括固定资产、存货、有价证券和现金等
C. 实物证据通过实际观察或盘点取得的,用以确定实物资产的存在性
D. 实物证据对于证明实物资产是否存在具有较强的证明力

10. 属于鉴定和勘验证据的有（　　　　）。
A. 审计人员进行函证时的往来信件　　B. 对某些书面资料字迹的鉴定
C. 经济业务发生时现场的录像带　　　D. 被审计单位的内部控制情况

11. 审计证据的作用有（　　　　）。
A. 判断被审事项是非、优劣的准绳
B. 考核审计人员业绩的依据
C. 作出审计决定的基础
D. 审计理论与审计实践联结的纽带和桥梁

12. 下列审计证据中,属于审计人员亲历证据的有（　　　　）。
A. 审计人员监督存货盘点取得的盘点表
B. 审计人员取得的被审计单位的租赁合同
C. 审计人员复制的被审计单位的销售发票
D. 审计人员从被审查账簿中摘录的资料

### 三、简答题

1. 简述外部证据和内部证据分别有哪些形式？
2. 简述会计记录和审计证据之间的关系。

### 四、案例题

1. 注册会计师在对光华公司进行审计时发现该公司内部控制存在严重缺陷，在下列获取的审计证据中哪些为注册会计师可以依赖？为什么？

（1）销货发票副本。

（2）现金盘点单、存货盘点单。

（3）购货发票副本。

（4）管理当局声明书。

2. A注册会计师是甲公司2021年度财务报表审计项目合伙人，审计过程中获取到以下六组审计证据：① 入库单与购货发票；② 销货发票副本与产品出库单；③ 领料单与材料成本计算表；④ 工资计算单与工资发放单；⑤ 存货盘点表与存货监盘记录；⑥ 银行询证函回函与银行对账单。

**要求**：请分别说明每组审计证据中哪项审计证据较为可靠，并简要说明理由。

3. 大名会计师事务所的注册会计师甲在对A股份有限公司的会计报表进行审计时，实施了以下审计程序：

（1）询问销售人员，以了解各购货方的信用情况和应收账款的可收回性。

（2）计算本年销售成本占销售收入的比重，并与以前年度比较，判断销售利润的总体合理性。

（3）核实A公司入库原材料的数量和单价，验证会计记录中相应金额的真实性和正确性。

（4）检查A公司全部未到期的保险单，并与厂房、大型机器设备相比较。

（5）观察A公司的主要生产设备，确定是否均处于良好的运行状态。

（6）盘点库存现金。

**要求**：（1）请指明上述审计程序的性质，并填写在表3-2中。

表3-2　　　　　　　　　　审计程序的性质

| 审计程序的性质 | 审计程序的编号 |
| --- | --- |
| 检查 |  |
| 监盘 |  |
| 观察 |  |
| 查询及函证 |  |
| 计算 |  |
| 分析性复核 |  |

（2）请指出上述各程序所能获取的审计证据的类型，并填写在表3-3中。

表 3-3　　　　　　　　　　　审计证据的类型

| 证 据 类 型 | 审计程序的编号 |
| --- | --- |
| 实物证据 |  |
| 书面证据 |  |
| 口头证据 |  |
| 环境证据 |  |

## 任务二　认知审计证据的特性和特征

### 一、单项选择题

1. 审计证据具有充分性和适当性的特征，以下有关审计证据特征的理解中，恰当的是（　　）。
   A. 获取的审计证据数量越多，越能增进审计证据的适当性
   B. 审计证据越适当，需要的数量越多
   C. 如果审计证据质量不高，则需要更多的证据增强其证明力
   D. 审计证据质量存在缺陷，无法依靠证据的数量弥补

2. 注册会计师要考虑审计证据的充分性和适当性，下列关于审计证据的充分性的说法中，不正确的是（　　）。
   A. 受注册会计师对重大错报风险评估的影响，若评估的重大错报风险越高，需要的审计证据可能越多
   B. 受注册会计师获取审计证据质量的影响，若审计证据质量越高，需要的审计证据可能越少
   C. 审计证据的充分性是对审计证据数量的衡量，主要与注册会计师确定的样本量有关
   D. 审计证据的充分性能代替审计证据的适当性

3. 下列审计证据中，最可靠的是（　　）。
   A. 银行询证函回函　　　　　　　B. 董事会会议记录
   C. 被审计单位开出的销售发票　　D. 管理层声明书

4. 下列关于审计证据可靠性的说法中，不正确的是（　　）。
   A. 内部控制有效时内部生成的审计证据比内部控制薄弱时内部生成的审计证据更可靠
   B. 直接获取的审计证据比间接获取或推论得出的审计证据更可靠
   C. 电子介质和口头的形式的审计证据不可靠
   D. 从原件获取的审计证据比传真件或复印件的审计证据更可靠

5. 审计证据的（　　），是指用作审计证据的事实凭据和资料必须与审计目标和被审计事项之间有一定的逻辑关系。
   A. 客观性　　　　B. 相关性　　　　C. 合法性　　　　D. 经济性

6. 下列关于评价审计证据的充分性和适当性的说法中，不正确的是（　　）。
   A. 审计工作通常不涉及鉴定文件记录的真伪，注册会计师也不是鉴定文件记录真伪的专家，但应当考虑用作审计证据的信息的可靠性，并考虑与这些信息生成与维护相关的控制的有效性

B. 如果在实施审计程序时使用被审计单位生成的信息，注册会计师应当就这些信息的准确性和完整性获取审计证据

C. 如果从不同来源获取的审计证据或获取的不同性质的审计证据不一致，表明某项审计证据不可靠，注册会计师应当追加必要的审计程序

D. 注册会计师可以考虑获取审计证据的成本与所获取信息的有用性之间的关系，因此可以减少某些不可替代的审计程序

7. (　　)是审计证据适当性的核心内容。
   A. 相关性和可靠性　　　　　　B. 审计证据的数量
   C. 审计证据的质量　　　　　　D. 审计证据的来源

8. (　　)是审计证据的两个重要特征，两者缺一不可。
   A. 充分性和适当性　　　　　　B. 充分性和相关性
   C. 相关性和适当性　　　　　　D. 可靠和相关性

9. 下列关于对审计证据可靠性的比较中，不恰当的是(　　)。
   A. 会议的同步书面记录比讨论该事项事后的口头表述可靠
   B. 银行对账单比银行询证函回函可靠
   C. 从原件获取的审计证据比从传真件获取的可靠
   D. 口头证据在得到不同人和不同信息的证实后其可靠性大大提高

10. 在确定审计证据相关性时，下列事项中不属于审计人员应当考虑的是(　　)。
    A. 特定的审计程序可能只为某些认定提供相关的审计证据，而与其他认定无关
    B. 针对同一项认定可以从不同来源获取审计证据或获取不同性质的审计证据
    C. 从外部独立来源获取的审计证据比其他来源获取的审计证据更可靠
    D. 只与特定认定相关的审计证据并不能替代与其他认定相关的审计证据

11. 注册会计师执行财务报表审计业务获取的下列审计证据中，可靠性最强的是(　　)。
    A. 购货发票　　　　　　　　　B. 销货发票
    C. 采购订货单副本　　　　　　D. 应收账款函证回函

12. 作为内部证据的会计记录在(　　)情况下可靠性较强。
    A. 在外部流转　　　　　　　　B. 经注册会计师验证
    C. 有健全有效的内部控制制度　D. 被审计单位管理当局声明

13. 以下关于审计证据可靠性的表述中，不正确的是(　　)。
    A. 从外部独立来源获取的审计证据比从其他来源获取的审计证据更可靠
    B. 内部控制有效时内部生成的审计证据比内部控制薄弱时内部生成的审计证据更可靠
    C. 注册会计师推理得出的审计证据比直接获取的审计证据可靠
    D. 直接获取的审计证据比间接获取或推论得出的更可靠

14. 充分性和适当性是审计证据的两个重要特征，下列关于审计证据的充分性和适当性表述中，不正确的是(　　)。
    A. 充分性和适当性两者缺一不可，只有充分且适当的审计证据才是有证明力的
    B. 审计证据质量越高，需要的审计证据数量可能越少
    C. 如果审计证据的质量存在缺陷，仅靠获取更多的审计证据可能无法弥补其质量上的缺陷
    D. 如果审计证据的质量存在缺陷，注册会计师必须收集更多数量的审计证据，否则无法形成审计意见

15. 下列选项中,为获取适当审计证据所实施的审计程序与审计目标最相关的是(    )。

A. 对已盘点的被审计单位存货进行检查,将检查结果与盘点记录核对,以确定存货计价的准确性

B. 从被审计单位销售发票中选取样本,追查至对应的发货单,以确定销售的完整性

C. 实地观察被审计单位固定资产,以确定固定资产的所有权

D. 复核被审计单位编制的银行存款余额调节表,以确定银行存款余额的正确性

16. A 注册会计师负责审计甲公司 2021 年度财务报表。在确定审计证据的充分性和适当性时,A 注册会计师遇到下列事项,请代为作出正确的专业判断。

(1) 在确定审计证据的数量时,下列表述中,错误的是(    )。

A. 错报风险越大,需要的审计证据可能越多

B. 审计证据质量越高,需要的审计证据可能越少

C. 审计证据的质量存在缺陷,可能无法通过获取更多的审计证据予以弥补

D. 通过调高重要性水平,可以降低所需获取的审计证据的数量

(2) 在确定审计证据的相关性时,下列表述中,错误的是(    )。

A. 特定的审计程序可能只为某些认定提供相关的审计证据,而与其他认定无关

B. 针对某项认定从不同来源获取的审计证据存在矛盾,表明审计证据不存在说服力

C. 只与特定认定相关的审计证据并不能替代与其他认定相关的审计证据

D. 针对同一项认定可以从不同来源获取审计证据或获取不同性质的审计证据

(3) 在确定审计证据的可靠性时,下列表述中,错误的是(    )。

A. 以电子形式存在的审计证据比口头形式的审计证据更可靠

B. 从外部独立来源获取的审计证据比从其他来源获取的审计证据更可靠

C. 从复印件获取的审计证据比从传真件获取的审计证据更可靠

D. 直接获取的审计证据比推论得出的审计证据更可靠

17. 下列关于审计证据的充分性和适当性的说法中,不正确的是(    )。

A. 审计证据的充分性是对审计证据数量的衡量

B. 审计证据的适当性是对审计证据质量的衡量

C. 错报风险越大,需要的审计证据可能越多;审计证据质量越高,需要的审计证据可能越少

D. 注册会计师可以依靠获取更多的审计证据来弥补其质量上的缺陷

## 二、多项选择题

1. 以下关于审计证据的充分性和适当性之间的关系的说法,正确的有(    )。

A. 审计证据的相关性越强,所需审计证据的数量可以减少

B. 审计证据的充分性较高,就可以相对降低审计证据的质量

C. 审计证据的适当性会影响到审计证据的充分性

D. 审计证据的质量越高,可以适当减少审计证据的数量

2. 考虑审计证据的相关性时,下列说法中,正确的有(    )。

A. 特定的审计程序可能只为某些认定提供相关的审计证据,而与其他认定无关

B. 针对同一项认定可以从不同来源获取审计证据或获取不同性质的审计证据

C. 只与特定认定相关的审计证据并不能替代与其他认定相关的审计证据
D. 审计证据的相关性是指证据只有与审计目标相关,审计证据才有证明力

3. 审计证据的特性主要是指审计证据的(　　　)。
　A. 充分性　　　　B. 相关性　　　　C. 合法性　　　　D. 可靠性

4. 下列有关审计证据可靠性的表述中,正确的有(　　　)。
　A. 不同来源且能相互印证的审计证据比单独来源的审计证据更可靠
　B. 从外部独立来源获取的审计证据比从内部获取的审计证据更可靠
　C. 从复印件获取的审计证据比从原件获取的审计证据更可靠
　D. 直接获取的审计证据比推论得出的审计证据更可靠

5. A注册会计师在指导助理人员确定审计证据的相关性时提出的以下观点中,正确的有(　　　)。
　A. 检查期后应收账款收回的记录和文件可以提供有关存在和计价的审计证据,但是不一定与期末截止是否适当相关
　B. 有关存货实物存在的审计证据并不能够替代与存货计价相关的审计证据
　C. 注册会计师可以分析应收账款的账龄和应收账款的期后收款情况,以获取与坏账准备计价有关的审计证据
　D. 有关存货实物存在的审计证据能够替代与存货计价相关的审计证据

6. 审计证据是否相关必须结合具体审计目标来考虑。在确定审计证据的相关性时,注册会计师应当考虑(　　　)。
　A. 特定的审计程序可能只为某些认定提供相关的审计证据,而与其他认定无关
　B. 针对同一项认定可以从不同来源获取审计证据或获取不同性质的审计证据
　C. 只与特定认定相关的审计证据并不能代替与其他认定相关的审计证据
　D. 内部控制有效时,内部生成的审计证据比内部控制薄弱时内部生成的审计证据更可靠

7. 注册会计师所需获取的审计证据数量受各种因素的影响。以下关于审计证据数量的说法中,正确的有(　　　)。
　A. 错报风险越大,需要的审计证据可能越多
　B. 审计证据质量越高,需要的审计证据可能越少
　C. 证据的质量存在的缺陷越多,所需的证据越多
　D. 获取的原件证据可能比获取的复印件证据少

8. 注册会计师为了证明四个问题,获取了四组不同的证据。在不考虑相关性的情况下,依据可靠性由强到弱排列,不正确的有(　　　)。
　A. 律师声明书、购货发票、销货发票、管理层声明书
　B. 注册会计师自行编制的计算表、销货合同、明细账、支票存根
　C. 发货凭证、销售发票、销售单、应收账款函证回函
　D. 银行存款收款凭证、银行存款对账单、银行存款日记账、银行存款余额调节表

9. 审计人员编制的应收账款账龄分析表属于(　　　)。
　A. 实物证据　　　B. 书面证据　　　C. 口头证据　　　D. 亲历证据

10. 审计证据的质量特征有(　　　)。
　A. 客观性　　　　B. 相关性　　　　C. 充分性　　　　D. 可靠性

11. 下列关于审计证据的可靠性的标准判断叙述中,错误的有(　　)。
   A. 审计人员间接获取的或推论得出的审计证据比直接获取的审计证据更为可靠
   B. 经过加工汇总的业务凭证比直接产生于经济活动的业务凭证更为可靠
   C. 从被审计单位外部取得的证据比从内部取得的证据更为可靠
   D. 从原件获取的审计证据比从传真或复印获取的审计证据更为可靠

12. 下列关于审计人员鉴定审计证据客观性的说法中,正确的有(　　)。
   A. 对实物证据,不仅要核实数量,还应关注质量
   B. 对书面证据,不仅要核对金额,还应判别真伪
   C. 对言词证据,要分析提供者的陈述是否客观
   D. 经过加工汇总编制的资料比原始凭证更可靠

13. 根据审计证据的质量特征,审计证据的相关性中的"相关"是指(　　)。
   A. 审计证据与审计目标相关　　　B. 审计证据与审计目的相关
   C. 审计证据与审计标准相关　　　D. 审计证据与其他审计证据相关

14. 在下列各类审计证据中,证明力最强的是(　　)。
   A. 被审计单位提供的销售发票
   B. 应收账款函证的回函
   C. 被审计单位自己编制的现金盘点表
   D. 被审计单位提供的经第三方确认的应收账款对账单

### 三、简答题

1. 在评价实施函证和替代审计程序获取的审计证据是否充分、适当时,注册会计师应当考虑哪些因素?
2. 什么是审计证据,它有何特点?审计证据的充分性与哪些方面有关?

### 四、案例题

某会计师事务所对某企业进行审计。审计时发现该企业内部控制制度非常不健全,注册会计师获取了以下审计证据:
(1) 被审计单位编制的各种试算表和汇总表。
(2) 注册会计师在监督库存现金盘点时所取得的库存现金盘点表。
(3) 直接寄给注册会计师的应收账款函证回函。
(4) 被审计单位经理提供的"一切负债均已入账"的声明书。
(5) 注册会计师进行分析性复核后所做的各种计算表、分析表。
(6) 被审计单位销售通知单。
要求:根据以上材料,请分别判断注册会计师是否可依赖上述审计证据,并分别说明理由。

## 任务三　整理、分析与评价审计证据

### 一、单项选择题

1. 整理评价审计证据的阶段是(　　)。
   A. 准备阶段　　　B. 实施阶段　　　C. 终结阶段　　　D. 后续审计阶段

2. 下列有关审计证据的表述中,不正确的是( )。

A. 审计工作中通常不涉及鉴定文件记录的真伪,但是应当考虑用作审计证据的信息的可靠性

B. 注册会计师可以用观察、检查、函证、询问、重新计算和分析程序各方法均可获取与内部控制相关的审计证据

C. 注册会计师自行获取的审计证据通常比被审计单位提供的证据可靠

D. 在某些情况下,存货监盘是证实存货存在性认定的不可替代的审计程序,注册会计师在审计中不得以检查成本高或难以实施为由而不执行该程序

3. 下列关于审计证据的其他信息的说法中,错误的是( )。

A. 可用作审计证据的其他信息包括注册会计师从被审计单位内部或外部获取的会计记录以外的信息

B. 会计记录中含有的信息本身并不足以提供充分的审计证据作为对财务报表发表审计意见的基础,注册会计师还应当获取用作审计证据的其他信息

C. 附有验货单的订购单属于审计证据的其他信息的范畴

D. 财务报表依据的会计记录中包含的信息和其他信息共同构成了审计证据,两者缺一不可

4. 注册会计师获取的下列以文件记录形式的证据中,证明力最强的是( )。

A. 银行存款函证回函　　　　　　B. 购货发票
C. 产品入库单　　　　　　　　　D. 应收账款明细账

5. 将销售发运单和发票、顾客对账单以及顾客的汇款通知单等会计记录作为审计证据时,其( )都会影响注册会计师对这些原始凭证的信赖程度。

A. 来源和被审计单位内部控制的相关强度(对内部生成的证据而言)
B. 充分性
C. 相关性
D. 适当性

6. 如果在实施审计程序时使用被审计单位生成的信息,注册会计师应当就这些信息的( )获取审计证据。

A. 准确性和完整性　　　　　　　B. 来源和完整性
C. 准确性　　　　　　　　　　　D. 完整性

7. 在审计过程中,注册会计师可根据需要单独或综合运用以下审计程序( ),以获取充分、适当的审计证据。

A. 检查记录或文件、检查有形资产　　B. 观察、询问、函证
C. 重新计算、重新执行　　　　　　　D. 分析程序

8. 下列关于注册会计师实施的审计程序的说法中,不恰当的是( )。

A. 检查文件或记录的目的是对财务报表所包含信息或应包含的信息进行验证
B. 检查有形资产主要是为了获取证据证明资产的存在认定和计价认定
C. 函证获取的证据可靠性较高
D. 重新计算主要是为了获取计价和分摊认定、准确性认定的审计证据

9. 注册会计师王华在检查泰达地产公司某项固定资产的累计折旧计提情况时,为证实泰达地产公司所确定的此项固定资产预计使用年限是否适当,打算对下列证据进行分析。

在下列证据中,相关性最低的是( )。

A. 泰达地产公司形成的此项固定资产的使用与维修记录

B. 泰达地产公司保存的此项固定资产的购买发票

C. 泰达地产公司保存的关于此项固定资产性能的说明

D. 泰达地产公司所聘常年法律顾问的投资函证回函

10. 注册会计师实施的下列审计程序中,属于重新执行的是( )。

A. 注册会计师利用被审计单位的银行存款日记账和银行对账单,重新编制银行存款余额调节表,并与被审计单位编制的银行存款余额调节表进行比较

B. 以人工方式或使用计算机辅助审计技术,对记录或文件中的数据计算的准确性进行核对

C. 对应收账款余额或银行存款的函证

D. 对客户执行的存货盘点或控制活动进行观察

11. 为证实W公司所记录的资产是否均由W公司拥有或控制,记录的负债是否均为W公司应当履行的偿还义务,注册会计师采用下列( )程序能够获取充分、适当的审计证据。

A. 观察　　　　　B. 检查　　　　　C. 重新执行　　　　　D. 询问

12. 下列有关函证的说法中,正确的是( )。

A. 在受托代销时,函证能为计价认定提供证据

B. 通过应付账款明细账函证更有效实现完整性目标

C. 函证的截止日通常为资产负债表日

D. 无论如何都应该对应收账款实施函证

13. 在针对管理层确定公允价值可靠性获取审计证据时,注册会计师需评价的因素不包括( )。

A. 管理层使用的假设是否合理

B. 使用模型进行公允价值计量时,模型是否适当

C. 考虑管理层选择特定措施的理由

D. 管理层是否使用了在当时能够合理获取的相关信息

14. 有关审计证据的下列表述中,不正确的是( )。

A. 审计工作中通常不涉及鉴定文件记录的真伪,但是应当考虑用作审计证据的信息的可靠性

B. 注册会计师用观察、检查及函证、询问、重新计算和分析程序等方法均可获取与内部控制相关的审计证据

C. 注册会计师自行获取的审计证据通常比被审计单位提供的证据可靠

D. 在某些情况下,存货监盘是证实存货存在性认定的不可替代的审计程序,注册会计师在审计中不得以检查成本高或难以实施为由而不执行该程序

## 二、多项选择题

1. 下列表述中,不正确的有( )。

A. 注册会计师获取审计证据时,不论是重要的审计项目,还是一般的审计项目,均应考虑成本效益原则

B. 审计证据的适当性是指审计证据的相关性和可靠性,相关性是指证据应与审计范围

相关

    C. 从外部独立来源获取的审计证据一定比从其他来源获取的审计证据更可靠

    D. 注册会计师在考虑审计证据的相关性时,应当考虑的一个内容就是直接获取的审计证据比间接获取或推论得出的审计证据更可靠

2. 下列表述中,正确的有(　　　　)。

    A. 如果注册会计师根据对被审计单位及其环境的了解,得知本期在生产成本中占较大比重的原材料成本大幅下降,但通过分析程序发现本期与上期的毛利率变化不大,而且销售收入也没有较大的变化,注册会计师可能据此认为销售成本存在重大错报风险

    B. 实质性程序中运用分析程序的主要目的在于识别那些可能表明财务报表存在重大错报风险的异常变化

    C. 分析程序具有很强的预期性,它不仅可以帮助注册会计师发现财务报表中已发生的异常变化,或者预期发生而未发生的变化,还可以帮助注册会计师发现财务状况或盈利能力发生变化的信息和征兆,识别那些表明被审计单位持续经营能力问题的事项

    D. 注册会计师通过检查有形资产可以为其存在、权利和义务以及计价和分摊认定提供充分、可靠的审计证据

3. 下列描述中,正确的有(　　　　)。

    A. 询问通常不足以发现认定层次存在的重大错报,也不足以测试内部控制运行的有效性,注册会计师还应当实施其他审计程序获取充分、适当的审计证据

    B. 某些情况下,函证也可以为完整性认定提供证据

    C. 函证获取的通常是直接来自第三方的对有关信息和现存状况的声明,所以函证获取的证据可靠性较高

    D. 对于银行存款,如果实施其他审计程序获取的审计证据可以将检查风险降低至可接受的水平,那么无须实施函证

4. 下列有关说法中,不正确的有(　　　　)。

    A. 如果从不同来源获取的审计证据或获取的不同性质审计证据不一致,可能表明某项审计证据不可靠,注册会计师应当追加必要的审计程序

    B. 在运用分析程序进行总体复核时,如果识别出以前未识别的重大错报风险,注册会计师应当根据未识别的重大错报风险的影响程度直接发表保留意见或否定意见的审计报告

    C. 如果注册会计师对被审计单位重大错报风险的评估结果为低,则注册会计师不用再针对其重大的各类交易、账户余额、列报实施实质性程序

    D. 审计证据的适当性是对审计证据质量的衡量,即审计证据在支持各类交易、账户余额、列报的相关认定,或发现其中存在错报方面具有相关性和可靠性

5. 分析程序中运用的外部证据包括(　　　　)。

    A. 经济预测组织发布的预测消息,如某些行业的业绩指标等

    B. 公开出版的财务信息

    C. 证券交易所发布的信息

    D. 预算或预测

6. 按审计程序的目的可将注册会计师为获取充分、适当的审计证据而实施的审计程序分为(　　　　)。

    A. 风险评估程序　　　 B. 控制测试　　　 C. 审计抽样　　　 D. 实质性程序

7. 在测试控制运行的有效性时，注册会计师应当从下列（　　　　）方面获取关于控制是否有效运行的审计证据。

A. 控制在所审计期间的不同时点是如何运行的
B. 控制是否得到一贯执行
C. 控制由谁执行
D. 控制以何种方式运行

8. 注册会计师在对 Q 公司的短期借款实施相关审计程序后，需对所取得的审计证据进行评价。以下有关短期借款审计证据可靠性的论述中，正确的有（　　　　）。

A. 从第三方获取的有关短期借款的证据比直接从 Q 公司获得的相关证据更可靠
B. 短期借款的重大错报风险为低水平时产生的会计数据比重大错报风险为高水平时产生的会计数据更为可靠
C. 短期借款的重大错报风险为高水平时产生的会计数据比重大错报风险为低水平时产生的会计数据更为可靠
D. Q 公司提供的短期借款合同尽管有借贷双方的签章，但如果没有其他证据佐证，也可以认为不可靠

## 三、简答题

1. 注册会计师在分析管理层要求不实施函证的原因中，应当考虑哪些因素？
2. 整理和评价审计证据的步骤有哪些？
3. 整理和分析审计证据有哪些注意事项？

## 四、案例题

1. 注册会计师在对某公司进行审计时，发现该公司内部控制制度具有严重缺陷；与管理层沟通相关问题时，发现其眼神飘忽不定，逻辑混乱。在此情况下，注册会计师能否依赖下列证据：① 销货发票副本；② 监盘客户的存货（不涉及检查相关的所有权凭证）；③ 外部律师提供的声明书；④ 管理层声明书；⑤ 会计记录。

2. 注册会计师 L 在审查公开发行股票的蓝海公司 2021 年度财务报表时，按照审计准则的要求，实施了必要的审计程序，获取了充分、适当的审计证据，并按规定形成了审计工作底稿。其中，有代表性的底稿包括管理建议书副本、应收账款函证回函、大额购货发票复印件和审计调整分录汇总表。这四张工作底稿记载的内容分别是：① 管理建议书副本，蓝海公司的库存现金、银行存款等业务的不相容职务严重混岗，很容易导致重大舞弊事项的发生；② 应收账款函证回函，蓝海公司应收账款明细账记载的内容与客户记录的金额、日期、商品名称等均一致，没有重大差错；③ 大额购货发票复印件，由于漏计了两种材料采购，蓝海公司的应付账款账户期末余额低于期末尚未偿还的实际余额，低估的金额接近本账户的可容忍误差；④ 审计调整分录汇总表。如蓝海公司拒绝调整，财务报表错报总额将远远超过其重要性。

要求：（1）请叙述审计证据的类型和注册会计师用来获取审计证据的审计程序。

（2）针对上述审计工作底稿，分别确定注册会计师为获取相关的审计证据所需实施的一种最重要的审计程序、四种证据的可靠性排序以及每种证据最适宜证实的一个管理层认定（如果有）。将你的结论填列在表 3-4 中。

表 3-4　　　　　　　审计程序、审计证据与管理层认定

| 底稿序号 | 获取证据的审计程序 | 证据可靠性排序 | 最适宜证实的管理层认定 |
| --- | --- | --- | --- |
| (1) |  |  |  |
| (2) |  |  |  |
| (3) |  |  |  |
| (4) |  |  |  |

3. 注册会计师王红通过对 CA 公司存货项目的相关内部控制制度进行分析评价后,发现该公司存在下列五种可能导致出现错误的状况:

(1) 库存现金未经认真盘点。

(2) 接近资产负债表日前入库的 A 产品可能已计入存货项目,但可能未进行相关的会计记录。

(3) 由×××公司代管的甲材料可能并不存在。

(4) ×××公司存放在 CA 公司仓库的乙材料可能已计入 CA 公司的存货项目。

(5) 本次审计为 CA 公司成立以来的首次审计。

要求:请根据上列情况分别指出各自的审计程序、审计目标和应收集哪些审计证据。

# 项 目 实 训

## 实 训 一

**1. 资料**:2021 年 2 月 28 日,助理人员小张经注册会计师王玲的安排,前去广生公司验证存货的账面余额。在盘点前,小张在过道上听几个工人在议论,得知存货中可能存在不少无法出售的变质产品。对此,小张对存货进行实地抽点,并比较库存量与最近销量。抽点结果表明,存货数量合理,收发也比较有序。由于该产品技术含量较高,小张无法鉴别出存货中是否有变质产品,于是,他不得不询问该公司的存货部高级主管。高级主管的答复是,该产品无质量问题。

小张在盘点工作结束后,开始编制工作底稿。在备注中,小张将听说有变质产品的事填入其中,并建议在下阶段的存货审计程序中,应特别注意是否存在变质产品。王玲在复核工作底稿时,再一次向小张详细了解存货盘点情况,特别是有关变质产品的情况。为此,王玲还特别对当时议论此事的工人进行了询问,但这些工人均矢口否认此事。于是,王玲与存货部高级主管商讨后,得出结论,认为"存货价值公允且均可出售"。底稿复核后,王玲在备注栏填写了"变质产品问题经核尚无证据,但下次审计时应加以考虑"。由于广生公司总经理抱怨王玲前几次出具了有保留意见的审计报告,使他们贷款遇到了不少麻烦。审计结束后,注册会计师王玲对该年的财务报表出具了无保留意见的审计报告。

两个月后,广生公司资金周转出现问题,主要原因是存货中存在大量的变质产品无法出售,致使到期的银行贷款无法偿还。银行拟向会计师事务所索赔,认为注册会计师在审核存货

时,具有重大过失。债权人在法庭上出示了王玲的工作底稿,认为注册会计师明知存货高估,但迫于总经理的压力,没有揭示财务报表中存在的问题,因此,应该承担银行的贷款损失。

**2. 要求:**

(1) 引述工人在过道上关于变质产品的议论是否应列入工作底稿?

(2) 注册会计师王玲是否已尽到了责任?

(3) 对于银行的指控,这些工作底稿能否支持或不利于注册会计师的抗辩立场?

(4) 银行的指控是否具有充分证据?请说明理由。

## 实 训 二

**1. 资料:**同兴会计师事务所在审计荣昌通用机械制造有限公司(以下简称"荣昌通用公司")2021年度财务报表时,有一张2021年11月20日第10号记账凭证及其所附原始凭证引起了审计人员的注意。原始凭证有一张发货票、一张入库验收单和一张转账支票存根,其中,发货票、入库验收单格式及内容如表3-5所示。

**表 3-5　　　　　　　发货票、入库验收单格式及内容　　　　　　金额单位:元**

××县××供销社××门市部发货票　No.008029

购货单位:荣昌通用机械制造有限公司　2021年11月26日

| 品　名 | 单　位 | 数　量 | 单　价 | 金　额 | 备　注 |
|---|---|---|---|---|---|
| 无水乙二氧 | 千克 | 654 | 27.14 | 17 749.56 | |
| 二丁酯 | 千克 | 1 700 | 4.34 | 7 378.00 | |
| 丙酮 | 千克 | 1 888.20 | 8.65 | 16 332.93 | |
| 合计 | | | | 41 460.49 | |
| 大写(人民币) | | 肆万壹仟肆佰陆拾零肆角玖分 | | | |

荣昌通用机械制造有限公司入库验收单

2021年11月20日

| 品　名 | 单　位 | 数　量 | 单　价 | 金　额 | 备　注 |
|---|---|---|---|---|---|
| 无水乙二氧 | 千克 | 654 | 27.14 | 17 749.56 | |
| 二丁酯 | 千克 | 1 700 | 4.34 | 7 378.00 | |
| 丙酮 | 千克 | 1 888.20 | 8.65 | 16 332.93 | |

验收人:金××　　　　　　　　　　　　　　　采购员:朱××

审计人员还了解到如下情况:① 转账支票上的付款金额及收货单位与上述发货票相符;② 荣昌通用公司生产的产品主要是消耗性钢材和耐火材料,2020年以前每年需要的无水乙二氧、二丁酯和丙酮在100千克以下;③ 无水乙二氧、二丁酯和丙酮这三种化工原料为某机电化工公司经政府部门批准独家经营。

**2. 要求:**请回答下列问题:

(1) 荣昌通用公司从××县××供销社××门市部取得的编号为008029的发货票在哪些方面存在疑点?

(2) 可以采取哪些审计程序,来验证××县××供销社××门市部发货票的真实性?

## 实 训 三

**1. 资料**:诚信会计师事务所的审计人员在审计望江食品有限公司 2021 公司年度财务报表时,发现了一张记账凭证,如表 3-6 所示。

表 3-6                              记账凭证

转 账 凭 证

望江食品有限公司　　　2021 年 12 月 20 日　　　第 1360 号

| 摘　要 | 总账科目 | 明细科目 | 借方金额 | 贷方金额 | 附原始凭证 张 |
|---|---|---|---|---|---|
| 销售甲产品 | 应收账款 | 前进公司 | 600 000.00 | | |
| 销售甲产品 | 主营业务收入 | | | 600 000.00 | |
| 合　计 | | | 600 000.00 | 600 000.00 | |

会计主管:　　　　记账:　　　　审核:　　　　出纳:　　　　制单人:

**2. 要求**:请回答下列问题:
(1) 本案例中的记账凭证存在哪些问题?
(2) 这张记账凭证足以引起审计人员的什么样的怀疑?

## 实 训 四

**1. 资料**:中国注协会计师协会在检查一家会计师事务所时发现,一家客户资产总额为 13 亿元,存货达 6 个亿,但注册会计师只抽盘了存货共价值 12 000 元。这是一家钢铁厂,执行审计的注册会计师所抽取的存货是皮包与灯泡。

**2. 要求**:根据资料分析该事务所的取证是否合适,并说明理由。

## 实 训 五

**1. 资料**:巨人零售公司是一家上市的美国大型零售折扣商店,在 1972 年巨人零售公司为了掩盖其第一次重大经营损失的真相,将 250 万美元的损失篡改为 150 万美元的收益。其中 102.6 万美元是通过减少应付账款来实现的,具体途径有:① 通过虚构大约 1 100 家广告商名单,虚构预付广告费 30 万美元;② 虚构几百个事项,伪造差价退款约 17.7 万美元。作为审计该公司的罗丝会计师事务所,执行了如下审计程序:

(1) 为了验证 30 万美元预付广告费的真实性,审计人员从 1 100 家广告商中抽取了 24 个样本,并向 4 个广告商发函询证。

(2) 为印证 17.7 万美元的差价退款,从巨人零售公司提供的名单中,随意抽取几个供应商,通过电话询证进价过高是否真实。在 15 个电话询证过程中,巨人零售公司先同供应商联系并通话交谈后,然后将电话交给审计师。

(3) 由于从选取的 4 家广告商那里收到的回函均指出所列示的预付广告费与巨人零售公司的明细账一致,注册会计师确认全部预付广告费的完整性。

**2. 要求**:试述上述哪些审计程序存在的问题导致了审计失败。

# 项目四 编制审计工作底稿

## 学 习 指 导

### 任务一 形成审计工作底稿

#### 一、审计工作底稿的含义和编制目的

审计工作底稿是审计人员在审计过程中所做的记录和取得的资料,是详细记载审计工作的全过程、反映被审计事项的主要情况的重要资料。编制审计工作底稿可以发挥以下作用:

(1) 审计工作底稿是收集、鉴定和综合审计证据的基础。

(2) 审计工作底稿是编写审计报告、出具审计意见书、作出审计决定的根本依据。

(3) 审计工作底稿是考核审计人员工作水平、证明其审计责任的根据。

(4) 审计工作底稿是衡量、控制和监督审计质量的内容和手段。

(5) 审计工作底稿是审计复议、行政诉讼和审计工作、审计理论研究的备查和参考资料。

审计人员编制审计工作底稿可以实现两个目的:一是提供适当、充分的记录,作为注册会计师得出实现总体目标结论的基础;二是提供证据,证明审计人员按照审计准则和相关法律法规的规定计划和执行了审计工作。

#### 二、审计工作底稿的分类

审计工作底稿的分类如表 4-1 所示。

表 4-1　　　　　　　　　　审计工作底稿的分类

| 种　类 | 综　合　类 | 业　务　类 | 备　查　类 |
| --- | --- | --- | --- |
| 一般内容 | 审计约定书<br>审计计划<br>审计报告未定稿<br>审计总结<br>审计调整分录汇总表 | 预备调查记录<br>控制测试记录<br>实质性测试记录 | 有关的重要法律文件<br>重要会议记录与纪要<br>重要经济合同与协议<br>营业执照、公司章程 |

## 三、审计工作底稿的性质

审计工作底稿可以以纸质、电子或其他介质形式存在。实务中,为便于相关人员的复核,审计人员通常将以电子或其他介质形式存在的审计工作底稿通过打印等方式,转换成纸质形式的审计工作底稿,并与其他纸质形式的审计工作底稿一并归档,同时单独保存这些以电子或其他介质形式存在的审计工作底稿。

审计工作底稿通常包括总体审计策略、具体审计计划、分析表、问题备忘录、重大事项概要、询证函回函、管理层声明书、核对表、有关重大事项的往来信件(包括电子邮件),以及对被审计单位文件记录的摘要或复印件等。审计工作底稿通常不包括已被取代的审计工作底稿的草稿或财务报表的草稿、对不全面或初步思考的记录、存在印刷错误或其他错误而作废的文本,以及重复的文件记录等。

## 四、审计工作底稿的格式、要素和范围

审计工作底稿的格式很多,内容各异,很难用一种格式和内容加以概括和描述。但是,不同种类的审计工作底稿,也具有其普遍性,也有其一般或共同的特征。这个特征表现为审计工作底稿的要素。一般来说,审计工作底稿应具备以下要素:① 被审计单位的名称;② 审计项目名称;③ 审计项目的地点或期间;④ 审计过程记录;⑤ 审计标识及说明;⑥ 审计结论;⑦ 索引号及页次;⑧ 编制者姓名及编制日期;⑨ 复核者姓名及复核日期;⑩ 其他应说明事项。

## 五、审计工作底稿的编制要求

要控制审计质量,防范和化解审计风险,审计工作底稿至少应具备的质量要求包括:内容的真实性、形式的规范性和措辞的恰当性。

审计人员在形成审计工作底稿时,工作底稿应有索引编号及顺序编号。同时,相关的审计工作底稿之间,应保持清晰的勾稽关系,相互引用时,应注明交叉索引编号;编制审计工作底稿的文字应当使用中文。少数民族自治地区可以同时使用少数民族文字。中国境内的中外合作会计师事务所、国际会计公司成员所可以同时使用某种外国文字。会计师事务所执行涉外业务时可以同时使用某种外国文字。

## 任务二 复核审计工作底稿

### 一、审计工作底稿复核的意义

审计工作底稿的复核,是指对审计工作底稿的再次审核。审计工作底稿复核的意义体现在以下几个方面:

(1) 有利于提高审计工作底稿的质量,进而提高整个审计项目的质量和效率。
(2) 审计工作底稿的复核,是审计实施过程中不可缺少的工作程序或环节。
(3) 审计工作底稿的复核,是考核审计人员的业务水平和工作业绩的手段。
(4) 审计工作底稿的复核,有利于编制者及时修正,而且有利于明确审计责任。

### 二、审计工作底稿复核的内容

审计工作底稿复核的内容如表4-2所示。

表 4-2　　　　　　　　　　审计工作底稿复核的内容

| 复核级别 | 复核人 | 复核要求 | 复核要点 |
| --- | --- | --- | --- |
| 一级复核 | 项目经理 | 详细复核 | 对底稿中所有的审计程序、审计证据、审计结论等逐笔复核 |
| 二级复核 | 部门经理 | 一般复核 | 对重要会计账项的审计、重要审计程序的执行以及审计调整事项进行复核 |
| 三级复核 | 主任会计师 | 重点复核 | 对重大会计审计问题、重大审计调整事项、审计意见及重要的底稿进行复核 |

### 三、审计工作底稿复核的步骤

审计工作底稿在复核时一般应遵循下列步骤：① 项目组复核；② 部门复核；③ 会计师事务所复核，如图 3-1 所示。

项目组复核 ⇒ 部门复核 ⇒ 会计师事务所复核

图 3-1　审计工作底稿复核步骤

### 四、项目合伙人复核审计工作底稿

项目合伙人应当确定，审计项目组成员在审计项目执行过程中，将职业准则以及会计师事务所的政策和程序从实质上执行到位，避免审计项目组成员仅简单勾画程序表格而未实质性执行程序、程序与目标不一致、程序执行不到位、审计工作底稿记录不完整等问题，确保审计项目组成员恰当记录判断过程、程序执行情况及得出的结论。

在审计报告日或审计报告日之前，项目合伙人应当通过复核审计工作底稿以及与审计项目组讨论，确保已获取充分、适当的审计证据，以支持得出的结论和拟出具的审计报告。

在签署审计报告前，为确保拟出具的审计报告适合审计项目的具体情况，项目合伙人应当复核财务报表、审计报告以及相关的审计工作底稿，包括对关键审计事项的描述（如适用）。

项目合伙人应当在与管理层、治理层或相关监管机构签署正式书面沟通文件之前对其进行复核。

项目合伙人应当在审计过程中的适当时点复核审计工作底稿，包括与下列方面相关的工作底稿：① 重大事项；② 重大判断，包括与在审计中遇到的困难或有争议事项相关的判断，以及得出的结论；③ 根据项目合伙人的职业判断，与项目合伙人的职责有关的其他事项。

（1）针对审计项目中需要咨询的事项，项目合伙人应当承担下列责任：

① 对审计项目组就下列事项进行咨询承担责任：困难或有争议的事项，以及会计师事务所政策和程序要求咨询的事项；项目合伙人根据职业判断认为需要咨询的其他事项。

② 确定审计项目组成员已在审计过程中就相关事项进行了适当咨询，咨询可能在审计

项目组内部进行,或者在审计项目组与会计师事务所内部或外部的其他适当人员之间进行。

③ 确定已与被咨询者就咨询的性质、范围以及形成的结论达成一致意见。

④ 确定咨询形成的结论已得到执行。

(2) 针对需要实施项目质量复核的审计项目,项目合伙人应当承担下列责任:

① 确定会计师事务所已委派项目质量复核人员;

② 配合项目质量复核人员的工作,并告知审计项目组其他成员配合项目质量复核人员工作的责任;

③ 与项目质量复核人员讨论在审计中遇到的重大事项和重大判断,包括在项目质量复核过程中识别出的重大事项和重大判断;

④ 只有完成项目质量复核,才签署审计报告。

(3) 审计项目组内部、审计项目组与项目质量复核人员之间(如适用),或者审计项目组与在会计师事务所质量管理体系内执行相关活动的人员(包括提供咨询的人员)之间如果出现意见分歧,审计项目组应当遵守会计师事务所处理及解决意见分歧的政策和程序。

针对意见分歧,项目合伙人应当承担下列责任:

① 对按照会计师事务所的政策和程序处理和解决意见分歧承担责任;

② 确定咨询得出的结论已经记录并得到执行;

③ 在所有意见分歧得到解决之前,不得签署审计报告。

## 五、审计工作底稿复核的方法

审计工作底稿复核的方法主要有:

(1) 与编制人沟通底稿编制的主要情况。

(2) 审查底稿的内容。

(3) 试算底稿各有关数字。

(4) 确定初次评估和试算稿的内容。

(5) 复核完毕,如无不同意见,应签章以示负责;如有不同意见,须做出明确的表达,以指示编制人予以补充执行。

## 任务三　管理审计档案

## 一、审计工作底稿归档工作的性质

审计工作底稿归档是一项事务性的工作,主要体现在审计报告日前后一定时间完成。

(1) 在出具审计报告前,注册会计师应完成所有必要的审计程序,取得充分、适当的审计证据并得出适当的审计结论。

(2) 在审计报告日后(60天内),将审计工作底稿归整为最终审计档案是一项事务性的工作,不涉及实施新的审计程序或得出新的结论。

## 二、归档期间可以对审计工作底稿进行的事务性变动

在归档期间对审计工作底稿进行的事务性的变动主要包括:

(1) 删除或废弃被取代的审计工作底稿。

(2) 对审计工作底稿进行分类、整理和交叉索引。

（3）对审计档案归整工作的完成核对表签字认可。

（4）记录在审计报告日前获取的、与审计项目组相关成员进行讨论并达到一致意见的审计证据。

### 三、审计工作底稿归档期后的变动

在完成最终审计档案的归整工作后，注册会计师不得在规定的保存期限届满前删除或废弃任何性质的审计工作底稿。

在一般情况下，在审计报告归档之后不需要对审计工作底稿进行修改或增加，如果有必要修改现有审计工作底稿或增加新的审计工作底稿的情形主要有两种：① 注册会计师已实施了必要的审计程序，取得了充分、适当的审计证据并得出了恰当的审计结论，但审计工作底稿的记录不够充分；② 在审计报告日后，发现例外情况要求注册会计师实施新的或追加审计程序，或导致注册会计师得出新的结论。

# 练 习 题

## 任务一　形成审计工作底稿

### 一、单项选择题

1. 下列关于审计工作底稿的存在形式表述中，正确的是（　　）。
   A. 只能以纸质形式存在
   B. 只能以纸质或电子形式存在
   C. 可以以纸质、电子或其他介质形式存在
   D. 一份工作底稿，只能以同一种形式存在

2. 编写审计报告、发表审计意见或做出审计决定的依据是（　　）。
   A. 审计证据　　　B. 审计工作底稿　　　C. 审计标准　　　D. 审计方案

3. 下列关于审计工作底稿的表述中，不正确的是（　　）。
   A. 审计工作底稿是指注册会计师对制订的审计计划、实施的审计程序、获取相关的审计证据，以及得出审计结论作出的记录
   B. 审计证据是审计工作底稿的载体
   C. 审计工作底稿是出具审计报告的基础
   D. 审计工作底稿形成于审计过程，也反映整个审计过程

4. 在编制审计工作底稿时，下列各项中，注册会计师通常认为不必形成最终审计工作底稿的是（　　）。
   A. A 注册会计师与甲公司管理层对重大事项进行讨论的结果
   B. A 注册会计师不能实现相关审计标准规定的目标的情形
   C. A 注册会计师识别出的信息与针对重大事项得出的最终结论不一致的情形
   D. A 注册会计师取得的已被取代的财务报表草稿

5. 北京 L 会计师事务所的注册会计师郑某在审计长沙 D 钢铁公司 2021 年度会计报表时，指派助理人员陈某对 D 公司的长期投资业务进行审计，陈某发现 D 公司对于投资收益

的会计核算不符合企业会计准则的规定,并为此提请 D 公司按照会计准则的规定进行适当调整。请指出,陈某在编制审计工作底稿时,应在审计工作底稿的(　　)部分记载调整分录。

  A. D 公司的未审情况       B. 审计过程的记录

  C. 所得出的审计结论       D. 没有严格规定

6. 下列各项中,可以不作为审计工作底稿的是(　　)。

  A. 有关客户关系和审计业务的接受与保持的结论

  B. 审计业务约定书

  C. 项目组内部会议记录

  D. 财务报表草稿

7. 如果注册会计师获取的信息与针对某重大事项得出的最终结论不一致,并就此咨询会计师事务所专门技术部门,下列各项中,可以不纳入审计工作底稿的是(　　)。

  A. 项目组成员对该信息实施的审计程序

  B. 项目组成员向专业技术部门咨询的情况

  C. 项目组和专业技术部门之间意见分歧的解决情况

  D. 根据不完整的信息作出的初步判断

8. A 注册会计师在完成最终审计档案的归整工作后,如果发现有必要修改,例如,原审计工作底稿中列明的存货余额为 200 万元,现改为 120 万元,正确的做法是(　　)。

  A. 在原工作底稿中直接对原记录信息予以涂改

  B. 对原记录信息不予删除,在原工作底稿中增加新的注释的方式予以修改

  C. 在原工作底稿中直接将原记录信息删除,再增加一项新的记录信息

  D. 在原工作底稿中直接用正确信息覆盖错误信息

9. 注册会计师编制的每一张审计工作底稿,都应当使得未曾接触该项审计工作的有经验的专业人士清楚地了解以下各方面情况,但(　　)可能是个例外。

  A. 按规定实施的审计程序的性质、时间和范围

  B. 实施审计程序的结果和获取的审计证据

  C. 就重大事项得出的审计结论

  D. 对财务报表发表的审计意见

10. 审计工作底稿通常不包括(　　)。

  A. 未审的财务报表草稿       B. 具体审计计划

  C. 管理层声明书         D. 由电子介质转换的纸质工作底稿

11. 注册会计师李民在执行甲公司 2021 年度财务报表审计业务的过程中,获取或形成了下列资料或记录。根据审计工作底稿的性质,李民应当将(　　)形成审计工作底稿。

  A. 注册会计师与被审计单位有关重大事项的往来电子邮件

  B. 被审计单位在按照审计建议进行重大调整之前的未审财务报告

  C. 注册会计师对被审计单位重要性进行初步思考的记录

  D. 注册会计师从被审计单位不同部门获取的多于一份的同一文件

12. 在审查 X 公司 2021 年度 K 材料采购业务时,注册会计师郭辉通过检查 K 材料订货单发现 X 公司 2021 年度共采购同一型号的 K 材料 500 批,其中 95% 以上均由 Y 公司供货,经办此类采购业务的人员均为李民。根据上述情况,在编制相应的审计工作底稿时,郭辉最

后以订购单上记载的（　　）作为采购业务的识别特征。

　　A. 订货编号　　　　B. 验收日期　　　　C. 材料型号　　　　D. 经办人员

13. 会计师事务所应当针对审计工作底稿设计和实施适当的控制。在下列关于此类目的的陈述中，不正确的是（　　）。

　　A. 使审计工作底稿清楚地显示其生成、修改、复核的时间和人员

　　B. 便于审计项目组成员随时修改审计工作底稿

　　C. 在审计业务的所有阶段，保护信息的完整性和安全性

　　D. 允许相关人员为履行职责而接触审计工作底稿

14. 当注册会计师利用计算机编制审计工作底稿时，应当合理设计审计标识，方便对审计工作底稿的利用和复核。下列相关说法中，不正确的是（　　）。

　　A. 审计工作底稿需要注明索引号及顺序编号

　　B. 相关审计工作底稿之间需要保持清晰的勾稽关系

　　C. 采用电子索引和链接时，应确保链接不随审计工作的推进而更新

　　D. 可以将风险评估结果与审计计划中针对该风险领域设计的审计程序链接

15. 注册会计师在记录审计过程时需要记录特定事项或项目的识别特征。下列关于不同审计事项的识别特征中，不恰当的是（　　）。

　　A. 在对应收账款计价测试时，需要将应收账款的账龄作为识别特征

　　B. 在系统抽样时，需要以总体抽样起点和抽样间隔作为识别特征

　　C. 在询问被审计单位特定人员时，应以询问的时间、询问人的姓名及职业作为识别特征

　　D. 在对被审计单位生成的订单进行细节测试时，需将订单的数量、单价和金额作为识别特征

16. 如果以被审计单位编制的纪要作为沟通的记录，注册会计师应当（　　）。

　　A. 直接将纪要的副本形成审计工作底稿

　　B. 确定这些纪要恰当地记录了沟通的内容，并将其副本形成审计工作底稿

　　C. 向被审计单位索要相关人员签字确认的纪要副本，直接将其形成审计工作底稿

　　D. 向被审计单位索要纪要的正本，直接将其形成审计工作底稿

17. 会计师事务所承接了通达公司2021年度财务报表的审计业务。该所质量部门负责人要求审计小组成员在编制通达公司审计业务的工作底稿时，要遵循编制审计工作底稿的基本要求，对每张工作底稿均应做到格式规范、内容完整、范围适当，以便使（　　）的注册会计师通过工作底稿清楚了解实施的审计程序、获取的审计证据和形成的审计结论。

　　A. 未学过审计准则和相关要求

　　B. 不了解通达公司所处的具体经营环境

　　C. 未曾接触过通达公司审计工作

　　D. 不了解通达公司所属行业的会计问题

## 二、多项选择题

1. 注册会计师获取审计工作底稿的基本要求包括（　　）。

　　A. 注明资料来源

　　B. 对获取的资料实施必要的审计程序加以确认

　　C. 形成相应的文字记录并签名

D. 声明会计责任与审计责任

2. 审计工作底稿的主要作用有（　　）。
   A. 有利于组织协调审计工作　　　　B. 有利于审计工作质量控制
   C. 有利于考核审计人员工作业绩　　D. 便于编制、佐证和解释审计报告

3. 下列文件可以列为审计工作底稿的有（　　）。
   A. 总体审计策略和具体审计计划　　B. 管理层声明书
   C. 管理建议书　　　　　　　　　　D. 业务约定书

4. 下列各项中，属于业务类审计工作底稿的有（　　）。
   A. 应收账款账龄分析表　　　　　　B. 审计通知书
   C. 内部控制调查表　　　　　　　　D. 银行存款函证回函

5. 审计工作底稿是指注册会计师对（　　）作出的记录。
   A. 制定的审计计划　　　　　　　　B. 获取的审计证据
   C. 得出的审计结论　　　　　　　　D. 实施的审计程序

6. 审计工作底稿在计划和执行审计工作中发挥着关键作用，下列说法中，恰当的有（　　）。
   A. 审计工作底稿是形成审计报告的基础
   B. 审计工作底稿可用于会计师事务所质量控制复核
   C. 审计工作底稿可用于监管会计师事务所对审计准则的遵循情况
   D. 审计工作底稿可作为注册会计师涉诉时向法庭提供的，证明其按照审计准则的规定执行了审计工作的证据

7. 注册会计师编制的审计工作底稿应当使得未曾接触该项审计工作的有经验的专业人士清楚地了解下列（　　）的内容。
   A. 按照审计准则的规定实施的审计程序的性质、时间和范围
   B. 实施审计程序的结果和获取的审计证据
   C. 审计证据是否充分和适当
   D. 就重大事项得出的结论

8. 下列可以作为永久性审计档案的有（　　）。
   A. 组织结构　　B. 批准证书　　C. 营业执照　　D. 审计策略

9. 审计工作底稿通常包括（　　）。
   A. 审计策略和具体审计计划　　　　B. 分析表、问题备忘录、重大事项概要
   C. 询证函回函、管理层声明书、核对表　　D. 有关重大事项的往来信件

10. 关于以电子或其他介质形式存在的审计工作底稿的表述，以下说法中，正确的有（　　）。
    A. 以电子或其他介质形式存在的审计工作底稿，不应与其他纸质形式的审计工作底稿一并归档
    B. 以电子或其他介质形式存在的审计工作底稿，应与其他纸质形式的审计工作底稿一并归档
    C. 实务中，注册会计师应该单独保存以电子或其他介质形式存在的审计工作底稿
    D. 实务中，注册会计师不应该单独保存以电子或其他介质形式存在的审计工作底稿

11. 下列关于审计工作底稿的表述中,正确的有(　　　　)。

A. 审计工作底稿是注册会计师在审计过程中形成的审计工作记录和获取的资料

B. 审计工作底稿形成于审计过程,也反映整个审计过程

C. 审计工作底稿不可用于质量控制复核

D. 审计工作底稿能够提供证据,证明会计师事务所是否按审计准则规定执行了审计工作

12. 注册会计师及时编制审计工作底稿的目的可能有(　　　　)。

A. 证明注册会计师已经按照审计准则和相关法律法规的规定计划和执行了审计工作

B. 便于会计师事务所履行指导、监督与复核审计工作

C. 有助于项目组计划和实施审计工作

D. 保留对未来审计工作持续产生重大影响的思想的记录

13. A注册会计师是J公司2021年度会计报表审计的外勤审计负责人,在审计过程中,需对助理人员提出的相关审计工作底稿及其审计档案的问题予以解答,并对其编制的有关审计工作底稿进行复核,请代为作出正确的专业判断。以下工作底稿属于业务类的有(　　　　)。

A. J公司营业执照副本

B. 销售货物的内部控制调查表

C. 被审计单位相关内部控制的研究和评价记录

D. 与被审计单位组织机构及管理层人员结构有关的资料。

14. 下列工作底稿中,属于综合类的有(　　　　)。

A. 审计业务约定书　　　　B. 审计调整分录汇总表

C. 审计报告未定稿　　　　D. 预备调查形成的工作底稿

15. 下列关于审计工作底稿的说法中,正确的有(　　　　)。

A. 审计工作底稿相互引用时应注明索引号

B. 审计工作底稿是行政复议的重要作证资料

C. 非重大事项的审计工作底稿不用进行复核

D. 编写审计工作底稿应内容完整

16. 注册会计师按照审计计划的规定实施了对应收账款的审计程序后,需要形成相应的审计工作底稿。确定审计工作底稿的格式、内容、范围时,应当考虑的因素有(　　　　)。

A. 如果根据已实施的凭证检查程序和获取的相关审计证据不易确定结论,应记录得出的各种可能结论

B. 如果根据已实施的函证程序和获取的函证回函不能得出结论,应记录不能得出结论的原因

C. 如果已识别出应收账款项目存在重大错报风险,则工作底稿对相关内容的记录应更加详细

D. 如果使用计算机辅助审计技术对应收账款的账龄进行重新计算时,通常可以针对总体进行测试

17. 下列有关审计工作底稿格式、要素和范围的表述中,恰当的有(　　　　)。

A. 由于注册会计师实施的审计程序的性质不同,其工作底稿的格式、要素和范围可能也会不同

B. 在审计过程中，由于审计使用的工具不同，会导致审计工作底稿在格式、要素和范围上有所不同

C. 对于询问程序，注册会计师可能会以询问的时间作为识别特征

D. 对于观察程序，注册会计师可能会以观察的对象作为识别特征

18. 注册会计师张杉在审计C公司2021年度财务报表时，应当根据具体情况判断某一事项是否属于重大事项，并进而考虑在审计工作底稿中以重大事项概要的形式加以记录。如果实施一项审计程序的结果表明(　　　)，则张杉应将该结果归入重大事项。

　　A. 以前对重大风险的评估正确　　　　B. 审计报告的意见类型需要修正

　　C. 无须修正应对重大风险的措施　　　D. 财务报表可能存在重大错报

19. 下列关于审计工作底稿的格式、要素和范围的考虑因素中，恰当的有(　　　)。

　　A. 不同的审计程序得到不同的审计证据，审计工作底稿的格式和要求也会有所不同

　　B. 如果是已识别到重大错报风险较高的项目，审计工作底稿记录的内容不需那么多

　　C. 审计证据的重要程度对审计工作底稿的格式、内容和范围有直接影响

　　D. 如果从已执行审计工作或获取审计证据的记录中不易确定审计结论时，需要记录结论或结论的基础

20. 对于被审计单位提供的合同、章程等复印件，必须(　　　)方能形成审计工作底稿。

　　A. 注明资料来源　　　　　　　　　　B. 将复印件与原件核对

　　C. 形成审计结论　　　　　　　　　　D. 注册会计师签名、盖章

21. 下列关于注册会计师在确定审计工作底稿的格式、要素和范围的说法中，正确的有(　　　)。

　　A. 通常对大型被审计单位审计形成的工作底稿比对小型被审计单位审计形成的审计工作底稿要多

　　B. 注册会计师可能会根据不同的审计程序编制不同的审计工作底稿

　　C. 对于重大错报风险较大的项目，审计工作底稿记录的内容可能更多、更广泛

　　D. 审计证据的重要程度不会影响审计工作底稿的格式、内容和范围

22. 下列各项中，属于审计工作底稿的要素的有(　　　)。

　　A. 审计过程记录　　　　　　　　　　B. 审计结论

　　C. 索引号及编号　　　　　　　　　　D. 审计标识及其说明

23. 对注册会计师获取的审计工作底稿的基本要求包括(　　　)。

　　A. 注明资料来源　　　　　　　　　　B. 内容完整、格式规范、结论明确

　　C. 实施必要的审计程序　　　　　　　D. 形成相应的审计记录

## 三、简答题

1. 审计工作底稿的作用有哪些？
2. 审计工作底稿的编制要求有哪些？

## 四、简答题

1. 会计师事务所于2021年2月5日—2月12日完成了对X公司的年报审计(审计报告的签发日为2021年2月12日)，现有部分审计工作底稿如下：

　　(1) 营业执照、公司章程。

(2) 重要的法律文件、合同、协议。

(3) 审计业务约定书。

(4) 审计计划。

(5) 审计报告。

(6) 预备调查底稿。

(7) 符合性测试底稿。

(8) 实质性测试底稿。

**要求**：将上述审计底稿按照性质、作用归类，将其序号填入表4-3中。

表4-3　　　　　　　　审计底稿按照性质、作用归类

| 综合类工作底稿 | |
| --- | --- |
| 业务类工作底稿 | |
| 备查类工作底稿 | |

2. 注册会计师李浩在复核助理人员形成的工作底稿时，发现助理人员把向被审计单位索要的被审计单位应收账款账龄分析表直接当作了审计工作底稿，李浩应当指导助理人员如何形成这张审计工作底稿？这张审计工作底稿应该具有哪些基本结构？

## 任务二　复核审计工作底稿

### 一、单项选择题

1. 审计工作底稿的复核中，不能作为复核人的是（　　）。

　　A. 主任会计师、所长或指定代理人　　B. 业务助理人员

　　C. 部门经理或签字注册会计师　　D. 项目经理或项目负责人

2. Q会计师事务所接受委托对ABC公司进行审计，在审计工作中形成的工作底稿，Q会计师事务所的注册会计师处理恰当的是（　　）。

　　A. 由于ABC公司涉及债务纠纷，ABC要求Q会计师事务所注册会计师将向债务单位函证后取得的回函提供给ABC公司作为法律诉讼的证据，Q所未同意

　　B. P会计师事务所的注册会计师P系审计ABC公司的母公司的注册会计师，他要求查阅Q会计师事务所审查ABC公司的工作底稿，Q会计师事务所所提供了全部的工作底稿，并对相关事项作了说明

　　C. HB省注册会计师协会委派P会计师事务所对Q会计师事务所进行同业复核，P会计师事务所的注册会计师要求查阅Q事务所审查ABC公司的工作底稿，Q会计师事务所以"保守商业秘密"和"所有权"的理由拒绝提供其工作底稿

　　D. Q会计师事务所由于业务繁忙，其工作底稿的二级复核和三级复核都由其主任会计师完成

3. 下列关于复核审计工作的说法中，错误的是（　　）。

　　A. 在记录已实施审计程序的性质、时间安排和范围时，注册会计师应当记录审计工作的复核人员及复核的日期和范围

　　B. 审计项目合伙人应当在审计工作底稿中记录复核的范围和时间

C. 项目质量控制复核人员在执行质量控制复核时应当与项目合伙人讨论重大事项

D. 复核人员必须在每一页审计工作底稿上签字并注明复核日期

4. 下列有关审计工作底稿复核的说法中,错误的是( )。

A. 审计工作底稿中应当记录复核人员姓名和复核时间

B. 项目合伙人应当复核所有审计工作底稿

C. 项目质量控制复核人员应当在审计报告出具前复核审计工作底稿

D. 应当由项目组内经验较多的人员复核经验较少的人员编制的审计工作底稿

## 二、多项选择题

1. 为了明确审计工作底稿的编制者和复核者的责任,每一页审计工作底稿需要对此进行记录,下列有关审计工作底稿要素的描述中,恰当的有( )。

A. 执行人及完成该项审计工作的日期  B. 执行人
C. 复核人  D. 复核人、复核日期和范围

2. 注册会计师应当及时编制审计工作底稿,其主要目的体现在( )。

A. 提供充分、适当的记录作为审计报告的基础

B. 提高审计工作的质量

C. 提供证据证明其按照中国注册会计师审计准则的规定执行了审计工作

D. 便于对审计结论进行有效复核和评价

3. 下列与审计工作底稿复核相关的说法中,正确的有( )。

A. 对工作底稿的复核工作应当由至少与编制工作底稿的人员具备同等专业胜任能力的人员来实施

B. 对工作底稿的复核必须留下证据,一般由复核者在所复核的工作底稿上签名、盖章并署明复核的日期

C. 在项目内部复核的基础上,必须指定独立人员对工作底稿实施项目质量控制复核,否则不能出具审计报告

D. 复核范围因审计规模、审计复杂程度以及工作安排的不同而存在显著差异

4. 以下关于审计工作底稿的复核工作中,表述正确的有( )。

A. 复核人员应当知悉并解决重大的会计和审计问题,考虑其重要程度并适当修改总体审计策略和具体审计计划

B. 复核工作应当由至少具备同等专业胜任能力的人员完成

C. 复核范围因审计复杂程度及工作安排的不同而不同,但并不因审计规模的不同而存在显著差异

D. 审计工作底稿的复核工作最终由项目合伙人进行

5. 项目质量控制复核时,项目合伙人应当客观评价的事项有( )。

A. 确定会计师事务所已委派项目质量控制复核人员

B. 项目组作出的重大判断

C. 在准备审计报告时得出的结论

D. 在项目质量控制复核完成后,才能出具审计报告

6. 如果部门经理作为某一审计项目的项目负责人,则( )。

A. 三级复核可以简化为两级复核

B. 部门经理的复核是一级复核
C. 部门经理的应当承担起一、二级复核的任务
D. 主任会计师应另行指定人员执行部门经理复核工作

## 三、简答题

1. 什么是审计工作底稿？如何对审计工作底稿进行审核？
2. 在我国的会计师事务所，为了保证审计工作质量，实行的是三级复核制度，请指出审计工作底稿三级复核应复核的重点内容及其三级复核的复核责任人。
3. 审计项目组内部复核时应当考虑的事项有哪些？
4. 会计师事务所建立的多级复核制度中，只有一级复核属于详细复核，需要做复核记录，其他层次的复核都可以不做记录，你认为这种做法正确吗？如果不正确，那正确的做法是什么？

## 四、案例题

1. 会计师事务所承接了乙公司2021年度财务报表审计工作，委派甲注册会计师担任项目合伙人，甲注册会计师要求项目组内人员互相复核工作底稿。审计报告日是2022年3月15日，2022年3月16日安排甲注册会计师执行项目质量控制复核，并于2022年3月18日提交审计报告。同时A会计师事务与乙公司续签了2022度财务报表审计业务约定书。A会计师事务所于2022年5月17日完成审计工作底稿归档工作。根据上述材料，请简要回答下列问题：

（1）简要回答A会计师事务所本次审计工作的复核工作是否正确，并说明理由。
（2）简要回答A会计师事务所本次审计的审计工作底稿的归档期限是否正确，并说明理由。
（3）审计工作底稿归档后，出现何种情形可以修改现有审计工作底稿或增加新的审计工作底稿？
（4）审计工作底稿归档后，如要有必要修改现有审计工作底稿或增加新的审计工作底稿，注册会计师应当记录的事项有哪些？
（5）简要回答本次审计工作底稿的保存期限。

2. XYZ会计师事务所审计东方公司（上市公司）年度财务报表，指派A注册会计师为项目合伙人，B注册会计师为项目质量控制复核人，审计过程中遇到的事项摘录如下：

（1）对于项目组中C实习生编制的关于重大会计估计的审计工作底稿，A注册会计师要安排经验较丰富的审计助理人员复核，必要时A注册会计师要亲自复核。
（2）A注册会计师要求项目组中的两位项目经理对其各自负责的部分的总体质量负责，将该项审计业务的责任落实到执行具体审计业务的审计助理人员及项目经理。
（3）A注册会计师无需对所有审计工作底稿进行复核，其主要是对关键领域所作的判断，尤其是执行业务过程中识别出的疑难问题或争议事项进行复核。
（4）由于事务所业务繁忙，对东方公司的审计时间比较紧张，A注册会计师决定先出具审计报告，待时间宽裕之时，再提交B注册会计师进行项目质量控制复核。
（5）项目质量控制复核人一方面要具备客观性，另一方面又要能够为此次审计业务提供必要的业务咨询。

(6)在实施项目质量控制复核时,B注册会计师应当考虑项目组就此次审计业务对会计师事务所独立性作出的评价。

**要求**:假定不考虑其他事项,逐项判断注册会计师的做法是否恰当。如不恰当,请简要说明理由。

## 任务三　管理审计档案

### 一、单项选择题

1. 会计师事务所接受委托对被审计单位进行审计所形成的审计工作底稿,其所有权归属于(　　)。
   A. 会计师事务所　　　　　　　　B. 被审计单位
   C. 进行审计的注册会计师　　　　D. 委托单位

2. 注册会计师在对ABC有限责任公司2021年度财务报表进行审计,为查清某项固定资产的原始价值,查阅了会计师事务所2017年审计该项固定资产的工作底稿。本次审计于2022年3月完成,则注册会计师查阅的该项固定资产的工作底稿应(　　)。
   A. 至少保存至2027年　　　　　　B. 至少保存至2031年
   C. 至少保存至2032年　　　　　　D. 长期保存

3. 下列审计工作底稿归档后,属于当期档案的是(　　)。
   A. 审计调整分录汇总表　　　　　B. 企业营业执照
   C. 公司章程　　　　　　　　　　D. 关联方资料

4. 甲会计师事务所于2022年2月15日对A公司2021年度财务报表出具了审计报告,该审计报告副本作为审计档案应当(　　)。
   A. 至少保存至2023年2月15日　　B. 至少保存至2027年2月15日
   C. 至少保存至2032年2月15日　　D. 长期保存

5. 注册会计师对被审计单位的关联方进行调查所形成的工作底稿,应属于(　　)。
   A. 当期档案　　　　　　　　　　B. 业务类工作底稿
   C. 永久性档案　　　　　　　　　D. 管理层声明书

6. 注册会计师审计工作底稿的归档期限是(　　)。
   A. 审计报告日后30天　　　　　　B. 审计报告日后60天
   C. 审计业务约定书后60天　　　　D. 审计业务中止后90天

7. 下列注册会计师在归档期间对审计工作底稿做出的变动中,不正确的做法是(　　)。
   A. 对审计工作底稿进行分类、整理和交叉索引
   B. 删除或废弃被取代的审计工作底稿
   C. 对审计档案归整工作的完成核对表签字认可
   D. 因为在审计报告日获取的、与审计项目组相关成员进行讨论并取得一致意见了,所以予以删除相关的审计证据

8. 丁会计师事务所于2022年3月6日向F公司董事会提交了关于F公司2021年度财务报表的保留意见审计报告。审计报告于2022年3月4日签发并加盖丁会计师事务所的公章,审计报告上签署的日期为2022年3月2日,相关的审计工作底稿于2022年3月10日归整完毕。则丁会计师事务所应将该项审计业务的审计档案(　　)。

A. 全部保存至 2032 年 3 月 2 日　　　　　B. 至少保存至 2032 年 3 月 4 日
C. 至少保存至 2032 年 3 月 6 日　　　　　D. 至少保存至 2032 年 3 月 10 日

9. B 注册会计师对乙公司 2021 年度财务报表出具审计报告的日期为 2022 年 2 月 15 日,乙公司对外报出财务报表的日期为 2022 年 2 月 20 日。在完成审计档案的归整工作后,可以变动审计工作底稿的是(　　)。

A. 2022 年 5 月 5 日,乙公司发生火灾,烧毁一生产车间,导致生产全部停工

B. 2022 年 5 月 10 日,法院对乙公司涉讼的专利侵权案作出最终判决,乙公司赔偿原告 2 000 万元。2021 年 12 月 31 日,该案件尚在审理过程中,由于无法合理估计赔偿金额,乙公司在 2013 年度财务报表中对这一事项作了充分披露,未确认预计负债

C. 2022 年 5 月 15 日,B 注册会计师知悉乙公司 2021 年 12 月 31 日已存在的、可能导致修改审计报告的舞弊行为

D. 2022 年 5 月 20 日,乙公司收回一笔 2020 年已经注销的应收账款,金额为 1 000 万元

10. 下列关于审计档案的表述中,不恰当的是(　　)。

A. 对每项具体审计业务,注册会计师应当将审计工作底稿归整为审计档案

B. 永久性档案是指那些记录内容相对稳定,具有长期使用价值,并对以后审计工作具有重要影响和直接作用的审计档案

C. 当期档案是指那些记录内容经常变化,主要供当期审计使用的审计档案

D. 永久性档案需要永久保存,当期档案至少保存 10 年

11. 在归整或保存审计工作底稿时,下列表述中,正确的是(　　)。

A. 在完成最终审计档案的归整工作后,不得修改现有审计工作底稿或增加新的审计工作底稿

B. 如果未能完成审计业务,审计工作底稿无需进行归档

C. 在审计报告日后将审计工作底稿归整为最终审计工作档案是审计工作的组成部分,可能涉及实施新的审计程序或得出新的审计结论

D. 如果注册会计师完成了审计业务,会计师事务所应当自审计报告日起,对审计工作底稿至少保存 10 年

12. 如果不存在未能完成审计业务的情况,则审计工作底稿的归档期限应为审计报告日后的(　　)天内。

A. 30　　　　　B. 60　　　　　C. 90　　　　　D. 180

13. 如果在归档期间对审计工作底稿做出的变动属于事务性的,注册会计师可以做出变动中不正确的是(　　)。

A. 按照时间顺序将审计过程中所有的记录正确排序整理归档

B. 对审计工作底稿进行分类、整理和交叉索引

C. 对审计档案归整工作的完成核对表签字认可

D. 记录在审计报告日前获取的、与审计项目组相关成员进行讨论并取得一致意见的审计证据

14. A 注册会计师负责审计甲公司 2021 年度财务报表。在编制和归整审计工作底稿时,A 注册会计师遇到下列事项,请代为作出正确的专业判断。

(1) 在对营业收入进行细节测试时,A 注册会计师对顺序编号的销售发票进行了检查。针对所检查的销售发票,A 注册会计师记录的识别特征通常是(　　)。

A. 销售发票的开具人　　　　　　B. 销售发票的编号
C. 销售发票的金额　　　　　　　D. 销售发票的付款人

(2) 在编制审计工作底稿时，下列各项中，A 注册会计师通常认为不必形成最终审计工作底稿的是( 　　 )。

A. A 注册会计师与甲公司管理层对重大事项进行讨论的结果
B. A 注册会计师不能实现相关审计标准规定的目标的情形
C. A 注册会计师识别出的信息与针对重大事项得出的最终结论不一致的情形
D. A 注册会计师取得的已被取代的财务报表草稿

(3) 在归档审计工作底稿时，下列有关归档期限的要求中，A 注册会计师认为正确的是( 　　 )。

A. 在审计报告日后 60 天内完成审计工作底稿的归档工作
B. 在审计报告日后 90 天内完成审计工作底稿的归档工作
C. 在审计报告公布日后 60 天内完成审计工作底稿的归档工作
D. 在审计报告公布日后 90 天内完成审计工作底稿的归档工作

(4) 下列各情形中，A 注册会计师认为不属于在归档期间对审计工作底稿做出事务性变动的是( 　　 )。

A. A 注册会计师删除被取代的审计工作底稿
B. A 注册会计师对审计工作底稿进行分类、整理和交叉索引
C. A 注册会计师对审计档案归整工作的完成核对表签字认可
D. A 注册会计师记录在审计报告日后实施补充审计程序获取的审计证据

## 二、多项选择题

1. 下列审计底稿中，应该归入当期档案管理的有( 　　 )。

A. 审计报告和经审计的财务报表
B. 管理建议书
C. 审计业务约定书原件
D. 各投资方简介以及董事会成员清单

2. 下列审计工作底稿归档后，属于当期档案的有( 　　 )。

A. 审计调整分录汇总表　　　　　B. 公司章程
C. 企业营业执照　　　　　　　　D. 审计计划

3. 在完成最终审计档案的归整工作后，如果发现有必要修改现有审计工作底稿或增加新的审计工作底稿，无论修改或增加的性质如何，注册会计师均应当记录下列( 　　 )事项。

A. 修改或增加审计工作底稿的时间和人员
B. 修改或增加审计工作底稿的具体理由
C. 修改或增加审计工作底稿对审计结论产生的影响
D. 复核修改或增加的审计工作底稿的时间和人员

4. T 会计师事务所于 2022 年 3 月 10 日完成了 Y 公司的 2021 年度财务报表审计业务，当日出具了审计报告。2022 年 3 月 25 日，应 Y 公司及其债权人的要求，根据年报审计中所了解的情况出具了关于 Y 公司偿债能力的特殊审计报告。对于这两个业务的相关工作底

稿,会计师事务所应当( )。

  A. 对于财务报表审计的工作底稿,应当于 5 月 9 日之前归档

  B. 对于两个项目的工作底稿,均应与 5 月 9 日之前归档

  C. 对于偿债能力的工作底稿,应当于 5 月 24 日之前归档

  D. 对于两个项目的工作底稿,均应于 5 月 24 日之前归档

5. 下列文件通常应作为审计工作底稿保存的有( )。

  A. 重大事项概要      B. 财务报表草表

  C. 有关重大事项的往来信件   D. 对被审计单位文件记录的复印件

6. 在归档期间,注册会计师对审计工作底稿可以做出的事务性变动有( )。

  A. 在审计报告日后实施新的审计程序或得出新的结论

  B. 对审计工作底稿进行分类、整理和交叉索引

  C. 对审计档案归整工作的完成核对表签字认可

  D. 记录在审计报告日前获取的,与项目组相关成员讨论并达成一致意见的审计证据

7. 在下列情况下,注册会计师可要求查阅审计档案的有( )。

  A. D 公司更换了会计师事务所,后任会计师经 D 公司同意调阅前任注册会计师的审计档案

  B. W 与 L 会计师事务所进行联合审计,W 的注册会计师经委托人同意查阅 L 事务所的相关档案

  C. L 会计师事务所对 Q 公司进行审计,在审计其合并报表时,经 Q 公司同意调阅子公司 A、B、C 公司的主 J 会计师事务所的相关审计档案

  D. A 公司所聘的 J 注册会计师调阅 A 公司的母公司所聘注册会计师的审计档案

8. A 注册会计师负责审计甲公司 2021 年度财务报表。在编制和归整审计工作底稿时,A 注册会计师遇到下列事项,请代为作出正确的专业判断。

(1) 编制的审计工作底稿应当使未曾接触该项审计工作的有经验的专业人士清楚地了解审计程序、审计证据和重大审计结论。下列条件中,有经验的专业人士应当具备的条件有( )。

  A. 了解相关法律法规和审计准则的规定

  B. 在会计师事务所长期从事审计工作

  C. 了解与甲公司所处行业相关的会计和审计问题

  D. 了解注册会计师的审计过程

(2) 在确定审计工作底稿的格式、要素和范围时,A 注册会计师应当考虑的主要因素有( )。

  A. 编制审计工作底稿使用的文字  B. 审计工作底稿的归档期限

  C. 拟实施审计程序的性质    D. 已获取审计证据的重要程度

(3) 在编制重大事项概要时,下列内容中,属于重大事项的有( )。

  A. 重大关联方交易

  B. 异常或超出正常经营过程的重大交易

  C. 导致 A 注册会计师难以实施必要审计程序的情形

  D. 导致 A 注册会计师出具非标准审计报告的事项

(4) 在归整或保存审计工作底稿时,下列表述中,正确的有( )。

A. 如果未能完成审计业务,审计工作底稿的归档期限为审计业务中止日后的60天内

B. 在审计报告日后将审计工作底稿归整为最终审计工作档案是审计工作的组成部分,可能涉及实施新的审计程序或得出新的审计结论

C. 在完成最终审计档案的归整工作后,不得修改现有审计工作底稿或增加新的审计工作底稿

D. 如果A注册会计师未能完成审计业务,会计师事务所应当自审计业务中止日起,对审计工作底稿至少保存10年

## 三、简答题

1. 审计工作底稿归档之后需要变动的情形有哪些?注册会计师应当怎样记录变动的情况?

2. 简述审计工作底稿归档期后能够变动的情形以及记录的要求。

## 四、案例题

1. ABC会计师事务所承接了D公司2021年度财务报表审计工作,审计报告日是2022年3月15日,提交审计报告的时间是2022年3月17日。同时约定下一年审计工作依然由ABC会计师事务所承接。ABC会计师事务所于2022年5月24日完成审计工作底稿归档工作。

根据上述材料,请简要回答下列问题:

(1) ABC会计师事务所本次审计的审计工作底稿的归档期限是否正确,并说明理由。

(2) 审计工作底稿归档后,出现何种情形可以修改现有审计工作底稿或增加新的审计工作底稿?

(3) 审计工作底稿归档后,如要有必要修改现有审计工作底稿或增加新的审计工作底稿,注册会计师应当记录的事项有哪些?

(4) 本次审计工作底稿的保存期限是多久。

2. ABC会计师事务所的A注册会计师负责对甲公司2021年度财务报表进行审计。2022年2月15日,A注册会计师完成审计业务,并于5月15日将审计工作底稿归整为最终审计档案。2022年5月20日,A注册会计师意识到甲公司存在舞弊行为,私下修改了部分审计工作底稿。2022年6月1日,甲公司财务舞弊案爆发,A注册会计师擅自销毁了甲公司审计工作底稿。

**要求**:根据审计工作底稿准则和会计师事务所质量控制准则,回答下列问题:

(1) A注册会计师在归整审计档案时是否存在问题,并简要说明理由。

(2) 在归整审计档案后,A注册会计师私下修改审计工作底稿是否存在问题,并简要说明理由。

(3) ABC会计师事务所在保存审计工作底稿方面是否存在问题,简要说明理由,并简要说明ABC会计师事务所应当对审计工作底稿实施哪些控制程序。

3. ABC会计师事务所的A注册会计师负责对甲公司2021年度财务报表进行审计。2022年2月10日,A注册会计师完成审计业务。审计工作底稿大部分是以电子形式存在,归档前将电子形式的工作底稿打印成纸质,同时为了保密,将电子工作底稿销毁;于2022年4月13日归整为最终审计档案。由于ABC会计师事务所工作底稿过多无处存放,所以将

2021年以前的审计工作底稿销毁。

**要求**：根据审计工作底稿准则和会计师事务所质量控制准则，请指出关于审计工作底稿的性质、归档及保存过程中是否存在不当之处，同时说明理由。

# 项 目 实 训

## 实 训 一

**1. 资料**：东方公司的内部审计机构内部审计机构根据2021年度的审计计划安排对其所属的东方装备厂进行了内部审计。对本审计项目的审计，内部审计机构王主任介绍，内部审计人员从审计计划到审计实施到报告阶段的所有审计工作底稿，在审计项目完成后，进行了及时的归类整理并归档。其中，两份内部审计工作底稿分别如表4-4和表4-5所示。

表 4-4　　　　　　　　　　　内部审计工作底稿

被审计单位：东方装备厂

| 审 计 内 容 |||||||||
|---|---|---|---|---|---|---|---|---|
| 根据装备厂提供的资料，该厂2018年至2021年5月的利润及其他指标情况如下： |||||||||
| 指　　标 | 年　　份 ||||||||
| ^ | 2018年 || 2019年 || 2020年 || 2021年1—5月 ||
| ^ | 计划 | 实际 | 计划 | 实际 | 计划 | 实际 | 计划 | 实际 |
| 产品产量(套) | 1 271 | 977 | 695 | 915 | 959 | 880 | 599 | 456 |
| 工业总产值(万元) | 3 400 | 3 485 | 3 400 | 3 466 | 2 325 | 2 325 | 2 800 | 847 |
| 销售收入(万元) | 3 300 | 2 510 | 3 200 | 2 920 | 2 000 | 209 | 2 700 | 38 |
| 工业增加值(万元) | 1 748 | 1 738 | 1 700 | 1 978 | 1 200 | 1 300 | 1 344 | 370 |
| 上缴管理费用(万元) | 41 | 41 | 41 | 41 | 41 | 41 | 41 | 28 |
| 利润(万元) | 0 | 2 | 51 | 53 | −500 | −496 | −192 | −746 |

通过以上各项指标可以看出，该厂的产品产量、工业总产值、销售收入、工业增加值和利润呈下降趋势，其主要原因如下：

(1) 产品技术含量低、附加值不高。该厂产品品种虽然多，但竞争力普遍不强，缺乏适销对路的产品，现行的主导产品——指重表、电子压力计仍是20世纪90年代的产品。

(2) 产品销售不畅。该厂主要产品销往北方市场，由于受到内部市场的保护，产品销售困难重重，相应的销售费用居高不下，影响了整个销售业绩。

附：证明材料16份，工作记录80份，复制文件95份。

| 被审计单位意见 | 李力<br>2021年6月25日 | 编制：张军　高丽<br>2021年6月21日 |
|---|---|---|
| ^ | ^ | 复核：陈胜<br>2021年6月25日 |

表 4-5　　　　　　　　　　　　内部审计工作底稿

被审计单位：东方装备厂

| 审计内容：长期投资情况分析 |
|---|
| 截至 2020 年，装备厂长期投资共有 7 项，除了长期债权投资——国家重点企业电力债券 4 000 万元预计可以收回，其他 6 项长期投资均为不良投资，主要原因如下：<br>（1）前瞻性投资论证不足，外部市场不充分，决策较为盲目，投资规模小，投资风险估计不足。<br>（2）该厂对合作方信用度了解不够，投资协议的内容和形式缺乏相应的法律约束力。2020 年 10 月，该厂投资开办甘油厂，由于合作方关键技术人员不辞而别，致使该项目中途下马，预计形成损失 189 662.88 万元。 |
| 附：证明材料 8 份，工作记录 56 份，复制文件 68 份 |

| 被审计单位意见 | 李力<br>2021 年 5 月 9 日 | 编制：张军　高丽<br>2021 年 4 月 25 日 |
|---|---|---|
|  |  | 复核：陈胜<br>2021 年 4 月 28 日 |

**2. 要求：**

（1）根据审计工作底稿准则的要求，说明编制审计工作底稿的目的有哪些？

（2）审计工作底稿准则指出的审计工作底稿包括的基本要素有哪些？请分析东方公司审计室装备厂审计组编制的审计工作底稿要素是否齐全？

## 实　训　二

**1. 资料：** 某省注册会计师协会在审计质量年度抽查中发现，某些会计师事务所的业务质量存在较多问题，其中，T 会计师事务所在审计工作底稿中存在问题较为集中、典型，主要有：

（1）某电影公司审计项目。某电影公司资产总额为 500 多万元，下属有 18 个放映站，财务管理既有统一核算的放映站，又有实行承包制的放映站，财务收支错综复杂，编制的审计计划中审计范围、目标、重点和步骤只有一句话：审计 2021 年度收支是否真实、合法。

（2）某房地产开发公司审计项目。在审计计划中提出"要审查存货、开发成本和负债的真实性"，但在审计工作底稿中却找不到有关存货盘存和应付款项询证函及能够替代的证据记录，连应付账款的账龄情况都无分析记录在案。

（3）某化纤厂审计项目。现金盘点表中反映短缺 3 000 元，被审计单位出纳员、财会负责人均无签字，也无被审计单位公章，而审计人员签字处只有一个"王"字。

（4）某酒店审计项目。审计档案中有该项目的审计业务底稿，却无审计业务约定书。

（5）单位的年度会计报表审计项目。九个单位共计 9 份无保留意见审计报告及其相应的审计记录，签字注册会计师均为李××、赵××，底稿记录时间前后共 7 天。

**2. 要求：**

（1）结合案情分析 T 会计师事务所上述审计工作底稿中存在的问题。

（2）分析上述审计工作底稿中存在的问题对审计工作的影响。

## 实 训 三

**1. 资料**：在对 H 公司 2021 年度财务报表进行审计时，N 注册会计师负责审计应收账款。N 注册会计师对截止日为 2020 年 12 月 31 日的应收账款实施了函证程序，并于 2022 年 2 月 15 日编制了应收账款函证分析工作底稿，如表 4-6 所示。

表 4-6　　　　　　　　　　应收账款函证分析工作底稿

| H 公司应收账款函证分析工作底稿资产负债表日：2021 年 12 月 31 日 | 索引号 | B-3 | |
|---|---|---|---|
| | 编制人 | 日期 | |
| | 复核人 | 日期 | |
| 一、函证 | 笔数 | 金额（元） | 百分比 |
| 2021 年 12 月 31 日应收账款 | 4 000 | 4 000 000 √★ | 100% |
| 其中：积极函证 | 108 | 520 000 | 13% |
| 　　　消极函证 | 280 | 40 000 | 10% |
| 　　　寄发询证函小计 | 388 | 560 000 | 23% |
| 选定函证但客户不同意函证的应收账款 | 12 | | |
| 选择函证合计 | 400 | | |
| 二、结果 | | | |
| （一）函证未发现不符 | | | |
| 积极函证：确认无误部分 W/P B-4 | 88C | 360 000 | 9% |
| 消极函证：未回函或回函确认无误部分 W/P B-4 | 240C | 32 000 | 0.8% |
| 函证未发现不符小计 | 328 | 392 000 | 9.8% |
| （二）函证发现不符 | | | |
| 积极函证 W/P B-5 | 4CX | 20 000 | 0.5% |
| 消极函证 W/P B-5 | 40CX | 8 000 | 0.2% |
| 函证发现不符小计 | 44 | 28 000 | 0.7% |
| （三）选定函证但客户不同意函证的应收账款 | 12 | | |

标识说明：
√ 与应收账款明细账核对相符
★ 与应收账款总账核对相符
C 回函相符
CX 回函不符

总体结论：回函不符金额 28 000 元，低于可容忍错报；应收账款得到公允反映。

注：假定选择函证的应收账款样本是恰当的，应收账款的可容忍错报是 30 000 元。

**2. 要求**：请回答以下问题：

（1）N 注册会计师编制的上述工作底稿中存在哪些缺陷？

（2）针对上述工作底稿中显示的实施函证时遇到的问题和回函结果，N 注册会计师应当实施哪些审计程序？

## 实 训 四

**1. 资料**：兴晋会计事务所的注册会计师白冰、李雪于2022年3月18日对S公司2021年度的会计报表进行审计,查明2021年12月31日资产负债表"货币资金"项目中的库存现金为10 000元。2022年3月20日上午8时,经检查,白冰、李雪认定当时现金日记账余额为9 981.50元,并对S公司当时库存现金进行清点,清点结果如下：

（1）现金实有数3 481.50元。

（2）在清查过程中,发现出纳员有下列原始凭证未制单入账：

① 采购员暂借差旅费借条一张,金额为3 000元,日期为2022年3月18日,已经相关负责人批准。

② 某职工借条一张,金额为3 500元,日期为2022年2月17日,未经批准。

③ 已收款未入账凭证3张,金额为2 000元。

④ 除借条外,还有已付款未入账凭证1张,金额为1 500元。

（3）在盘点时,还在保险柜里发现：

① 门市部前一天送来零售货款3 000元,单独包装,未包括在实有数内。

② 2021年3月18日发放工资,职工王兴出差未归,待领工资12 000元单独包装,不包括在实有数内。

③ 邮票200元,系财务科购入作寄出邮件用,已在管理费用中报销。

（4）银行为W公司核定的库存现金限额为10 000元。

（5）2022年1月1日至3月20日的现金收入数为35 000元,现金支出数为38 000元,经审核无误。

**2. 要求**：

（1）根据以上资料,请将库存现金情况填写在表4-7中。

（2）指出该企业在现金管理中存在的问题并提出处理建议。

（3）调整核实2021年12月31日资产负债表所列现金数是否真实。

表 4-7　　　　　　　　　　　库存现金情况表

客户：S公司　　　　　　　　　索引号：　　　　　　页次：
项目：现金监盘　　　　　　　　编制人：　　　　　　日期：
截止日：2021年12月31日　　　复核人：　　　　　　日期：

| 检查盘点记录 ||| 实有现金盘点记录 |||
|---|---|---|---|---|---|
| 项　目 | 页　次 | 金　额 | 面　额 | 张　数 | 金　额 |
| 上一日账面库存余额 | 1 | | | | |
| 盘点日未记录传票收入金额 | 2 | | | | |
| 盘点日未记录传票支出金额 | 3 | | | | |
| 盘点日账面应有金额 | 4=1+2-3 | | | | |
| 盘点实有现金金额 | 5 | | | | |
| 盘点日应有与实有差异 | 6=4-5 | | | | |

续 表

| 检查盘点记录 ||| 实有现金盘点记录 |||
|---|---|---|---|---|---|
| 项　　目 | 页　次 | 金　额 | 面　额 | 张　数 | 金　额 |
| 差异原因分析　白条抵库 | | | | | |
| 　　　　　　　短缺 | | | 合　计 | | |
| 追溯调整　报表日至盘点日现金付出总额 | | | 备注： |||
| 　　　　　报表日至盘点日现金收入总额 | | | ^ |||
| 　　　　　报表日库存现金应有金额 | | | ^ |||

盘点人：　　　　　盘点日期：　　　　　监盘人：　　　　　复核人：

客观题参考答案：项目四

# 项目五　出具审计报告

## 学习指导

### 任务一　认知审计报告编制前的具体工作

#### 一、编制审计差异调整表和试算平衡表

对审计差异内容的初步确定并汇总直至形成已审计的财务报表的过程,主要是通过编制审计差异调整表和试算平衡表得以完成的。

**(一) 编制审计差异调整表**

审计差异内容按是否需要调整账户记录,可分为核算错误和重分类错误。

在确定应调整的审计差异时,注册会计师应当考虑以下因素:① 审计差异金额是否超过重要性标准。② 审计差异是否影响财务报表的公允表达与披露。③ 审计差异的性质是否涉及非法业务及舞弊行为,并注意其对审计意见的潜在影响。④ 审计差异产生是由一时疏忽所造成,还是由内部控制本身的固有限制所造成。对于后一种情况,还应考虑是否有必要追加审计程序,以保证审计结果的可靠性,或者向被审计单位管理当局提交管理建议书。⑤ 衡量审计差异的精确度。⑥ 其他可能影响审计结论的重要因素。

**(二) 编制试算平衡表**

编制试算平衡表时,需注意以下几点:

(1) 试算平衡表中的"期末未审数"和"审计前金额"列,应根据被审计单位提供的未审计财务报表填列。

(2) 试算平衡表中的"账项调整"和"调整金额"列,应根据经被审计单位同意的"账项调整分录汇总表"列示。

(3) 试算平衡表中的"重分类调整"列,应根据经被审计单位同意的"重分类调整分录汇总表"填列。

(4) 在编制完试算平衡表后,应注意核对相应的勾稽关系。

#### 二、考虑或有事项和期后事项

**(一) 考虑或有事项**

在审计或有事项时,注册会计师尤其要关注财务报表反映的或有事项的完整性。由于

或有事项的种类不同,注册会计师在审计被审计单位的或有事项时,所采取的程序也各不相同。但总结起来,针对或有事项的审计程序通常包括:

(1) 了解被审计单位与识别有关的内部控制。

(2) 审查截至审计工作完成日被审计单位历次董事会纪要和股东大会会议记录,确定是否存在未决诉讼或仲裁、未决索赔、税务纠纷、债务担保、产品质量保证、财务承诺等方面的记录。

(3) 向与被审计单位有业务往来的银行函证,或检查被审计单位与银行之间的借款协议和往来函件,以查找有关票据贴现、背书、应收账款抵借、票据背书和担保。

(4) 检查与税务征管机构之间的往来函件和税收结算报告,以确定是否存在税务争议。

(5) 向被审计单位的法律顾问和律师进行函证,分析被审计单位在审计期间所发生的法律费用,以确定是否存在未决诉讼、索赔等事项。

(6) 向被审计单位管理层获取书面声明,声明其已按照企业会计准则的规定,对全部或有事项作了恰当反映。

### (二) 考虑期后事项

(1) 主动识别第一时段期后事项。财务报表日至审计报告日之间发生的期后事项属于第一时段期后事项。对于这一时段的期后事项,注册会计师负有主动识别的义务,应当设计专门的审计程序来识别这些期后事项,并根据这些事项的性质判断其对财务报表的影响,进而确定是进行调整还是披露。

(2) 被动识别第二时段期后事项。在审计报告日后,注册会计师没有义务针对财务报表实施任何审计程序。在审计报告日后至财务报表报出日前发现的事实属于"第二时段期后事项",注册会计师针对被审计单位的审计业务已经结束,要识别可能存在的期后事项比较困难,因此无法承担主动识别第二时段期后事项的审计责任。

(3) 没有义务识别第三时段的期后事项。财务报表报出日后知悉的事实属于第三时段期后事项,注册会计师没有义务针对财务报表实施任何审计程序。但是,并不排除注册会计师通过媒体等其他途径获悉可能对财务报表产生重大影响的期后事项的可能性。

## 三、获取管理层声明书和律师声明书

### (一) 获取管理层声明书

管理层声明包括书面声明和口头声明。书面声明作为审计证据,通常比口头声明可靠,具体形式包括:① 管理层声明书,管理层声明书是列示管理层所作声明的书面文件;② 注册会计师提供的列示其对管理层声明的理解并经管理层确认的函;③ 董事会及类似机构的相关会议纪要,或已签署的财务报表副本。

管理层声明书的基本要素主要包括:① 标题。管理层声明书的标题为"××公司管理层声明书"。② 收件人。管理层声明书的收件人为接受委托的会计师事务所及签署审计报告的注册会计师。当要求管理层提供声明书时,注册会计师应当要求将声明书径送注册会计师本人。③ 声明内容。④ 签章。⑤ 日期。

### (二) 获取律师声明书

被审计单位法律顾问或律师对函证问题的答复和说明,就是律师声明书。律师声明书可以提供有力的审计证据,帮助注册会计师合理确定有关的期后事项和或有事项。但是,律师声明书不能作为注册会计师形成审计意见的直接证据。

如果律师声明书指出或有事项可能引起不利结果,或者潜在损失发生的金额和范围都具有重大不确定性,在这种情况下,如果被审计单位的资产负债表上充分披露了这一确定事项,注册会计师可能在审计报告中增加强调事项段的说明。

若律师对函证拒绝回答,或律师声明书表明或暗示律师拒绝提供信息或隐瞒信息,或者对被审计单位叙述的情况应予修正而不加修正,一般应认为审计范围受到限制。注册会计师应视其影响的严重程度表示保留意见或无法表示意见。

## 四、执行分析程序

在临近审计结束时,注册会计师应当设计和执行分析程序,帮助其对财务报表形成总体结论,以确定财务报表是否与其对被审计单位的了解一致。

在总体复核阶段执行分析程序,所进行的比较和使用的手段与风险评估程序中使用的分析程序基本相同,但两者的目的不同。在总体复核阶段实施的分析程序,主要在于强调并解释财务报表项目自上个会计期间以来发生的重大变化,以证实财务报表中列报的所有信息与注册会计师对被审计单位及其环境的了解一致,与注册会计师取得的审计证据一致。

## 五、复核审计工作底稿

会计师事务所应当建立完善的审计工作底稿分级复核制度。对审计工作底稿的复核可分为两个层次:项目组内部复核和独立的项目质量控制复核。

项目组内部复核又分为两个层次:审计项目经理的现场复核和项目合伙人的复核。

独立的项目质量控制复核是指在出具报告前,对项目组作出的重大判断和在准备报告时形成的结论作出客观评价的过程。项目质量控制复核也称独立复核。

## 六、评价审计结果

注册会计师评价审计结果,主要为了确定将要发表的审计意见的类型以及在整个审计工作中是否遵循了审计准则。为此,注册会计师必须完成两项工作:一是对重要性和审计风险进行最终的评价;二是对被审计单位已审计财务报表形成审计意见并草拟审计报告。

## 七、与被审计单位治理层沟通

沟通的形式涉及口头或书面沟通、详细或简略沟通、正式或非正式沟通。有效的沟通形式不仅包括正式声明和书面报告等正式形式,也包括讨论等非正式的形式。与被审计单位治理层沟通的事项及内容具体如表5-1所示。

表5-1　　　　　与被审计单位治理层沟通的事项及内容

| 沟通事项 | 内容 |
| --- | --- |
| 注册会计师的责任 | ① 注册会计师负责对管理层在治理层监督下编制的财务报表形成和发表意见;<br>② 财务报表审计并不减轻管理层或治理层的责任 |
| 计划的审计范围和时间的总体安排 | 计划的审计范围和时间 |

续 表

| 沟通事项 | 内 容 |
|---|---|
| 审计工作中发现的重大问题 | ① 对被审计单位会计处理质量的看法；<br>② 审计工作中遇到的重大困难；<br>③ 已与管理层讨论或需要书面沟通的、审计中出现的重大事项，以及注册会计师要求提供的书面声明；<br>④ 审计中出现的、根据职业判断认为重大且与治理层履行财务报告监督责任直接相关的事项 |
| 注册会计师的独立性（上市实体） | ① 就审计项目组成员、会计师事务所其他相关人员以及会计师事务所和网络事务所按照相关职业道德要求保持了独立性作出声明；<br>② 根据职业判断，注册会计师认为会计师事务所、网络事务所与被审计单位之间存在的可能影响独立性的所有关系和其他事项；<br>③ 为消除对独立性的不利影响或将其降至可接受的水平，已经采取的相关防范措施 |

## 任务二　认知审计报告

### 一、审计报告的含义和特征

审计报告是指注册会计师在完成审计工作后向委托人提交的最终产品，具有以下特征：

(1) 注册会计师应当按照《中国注册会计师审计准则》（以下简称《审计准则》）的规定执行审计工作。

(2) 注册会计师在实施审计工作的基础上才能出具审计报告。

(3) 注册会计师通过对财务报表发表意见履行业务约定书约定的责任。

(4) 注册会计师应当以书面形式出具审计报告。

### 二、审计报告的基本内容和格式

审计报告的基本内容和格式如表 5-2 所示。

表 5-2　　　　　　　　　审计报告的基本内容、格式

| 要素 | 含义 | 具体要求 |
|---|---|---|
| 标题 | 注册会计师的工作成果和最终产品 | 审计报告应当具有标题，统一规范为"审计报告" |
| 收件人 | 致送审计报告的对象，一般是指审计业务的委托人 | 审计报告应载明收件人的全称；注册会计师应当与委托人在业务约定书中约定致送审计报告的对象，以防止在此问题上发生分歧或审计报告被委托人滥用；对整套通用目的财务报表出具的审计报告，审计报告的致送对象通常为被审计单位的全体股东或治理层 |
| 审计意见 | 第一部分：指出已审计财务报表 | 第一部分：① 指出被审计单位的名称；② 说明财务报表已经审计；③ 指出构成整套财务报表的每一财务报表的名称；④ 提及财务报表附注（包括重要会计政策概要和其他解释性信息）；⑤ 指明构成整套财务报表的每一财务报表的日期或涵盖的期间 |

续　表

| 要　素 | 含　义 | 具　体　要　求 |
|---|---|---|
| 审计意见 | 第二部分：应当说明注册会计师发表的审计意见 | 第二部分：如果对财务报表发表无保留意见，除非法律法规另有规定，审计意见应当适用："我们认为，财务报表在所有重大方面按照[适用的财务报告编制基础（如小企业会计准则等）]编制，公允反映了[……]"的措辞。审计意见说明财务报表在所有重大方面按照适用的财务报告编制基础编制，公允反映了财务报表旨在反映的事项。例如，对于按照企业会计准则编制的财务报表，这些事项是"被审计单位期末的财务状况、截至期末某一期间的经营成果和现金流量" |
| 形成审计意见的基础 | 提供关于审计意见的重要背景 | 应当紧接在审计意见部分之后包括下列方面：① 说明注册会计师按照审计准则的规定执行了审计工作；② 提及审计报告中用于描述审计准则规定的注册会计师责任的部分；③ 声明注册会计师按照与审计相关的职业道德要求对被审计单位保持了独立性，并履行了职业道德方面的其他责任。声明中应当指明适用的职业道德要求，如中国注册会计师职业道德守则；④ 说明注册会计师是否相信获取的审计证据是充分、适当的，为发表审计意见提供了基础 |
| 管理层对财务报表的责任 | 用于描述管理层对财务报表的责任的段落 | ① 按照适用的财务报告编制基础编制财务报表，使其实现公允反映，并设计、执行和维护必要的内部控制，以使财务报表不存在由于舞弊或错误导致的重大错报；<br>② 评估被审计单位的持续经营能力和使用持续经营假设是否适当，并披露与持续经营相关的事项（如适用）。对管理层评估责任的说明应当包括描述在何种情况下使用持续经营假设是适当的 |
| 注册会计师对财务报表审计的责任 | 用于描述注册会计师对财务报表的责任的段落 | (1) 说明注册会计师的目标是对财务报表整体是否不存在由于舞弊或错误导致的重大错报获取合理保证，并出具包含审计意见的审计报告。<br>(2) 说明合理保证是高水平的保证，但按照审计准则执行的审计并不能保证一定会发现存在的重大错报。<br>(3) 说明错报可能由于舞弊或错误导致。在说明错报可能由于舞弊或错误导致时，注册会计师应当从下列两种做法中选取一种：① 描述如果合理预期错报单独或汇总起来可能影响财务报表使用者依据财务报表作出的经济决策，则通常认为错报是重大的；② 根据适用的财务报告编制基础，提供关于重要性的定义或描述。<br>(4) 说明在按照审计准则执行审计工作的过程中，注册会计师运用职业判断，并保持职业怀疑。<br>(5) 通过说明注册会计师的责任，对审计工作进行描述。这些责任包括：<br>　① 识别和评估由于舞弊或错误导致的财务报表重大错报风险，设计和实施审计程序以应对这些风险，并获取充分、适当的审计证据，作为发表审计意见的基础。由于舞弊可能涉及串通、伪造、故意遗漏、虚假陈述或凌驾于内部控制之上，未能发现由于舞弊导致的重大错报的风险高于未能发现由于错误导致的重大错报的风险。 |

续　表

| 要　素 | 含　义 | 具　体　要　求 |
|---|---|---|
| 注册会计师对财务报表审计的责任 | 用于描述注册会计师对财务报表的责任的段落 | ② 了解与审计相关的内部控制，以设计恰当的审计程序，但目的并非对内部控制的有效性发表意见。当注册会计师有责任在财务报表审计的同时对内部控制的有效性发表意见时，应当略去上述"目的并非对内部控制的有效性发表意见"的表述。<br>③ 评价管理层选用会计政策的恰当性和作出会计估计及相关披露的合理性。<br>④ 对管理层使用持续经营假设的恰当性得出结论。同时，根据获取的审计证据，就可能导致对被审计单位持续经营能力产生重大疑虑的事项或情况是否存在重大不确定性得出结论。如果注册会计师得出结论认为存在重大不确定性，审计准则要求注册会计师在审计报告中提请报表使用者关注财务报表中的相关披露；如果披露不充分，注册会计师应当发表非无保留意见。注册会计师的结论基于截至审计报告日可获得的信息。然而，未来的事项或情况可能导致被审计单位不能持续经营。<br>⑤ 评价财务报表的总体列报、结构和内容（包括披露），并评价财务报表是否公允反映相关交易和事项。<br>(6) 说明注册会计师与治理层就计划的审计范围、时间安排和重大审计发现等事项进行沟通，包括沟通注册会计师在审计中识别的值得关注的内部控制缺陷。<br>(7) 对于上市实体财务报表审计，指出注册会计师就已遵守与独立性相关的职业道德要求向治理层提供声明，并与治理层沟通可能被合理认为影响注册会计师独立性的所有关系和其他事项，以及相关的防范措施（如适用）。<br>(8) 对于上市实体财务报表审计，以及决定按照《中国注册会计师审计准则第1504号——在审计报告中沟通关键审计事项》的规定沟通关键审计事项的其他情况，说明注册会计师从已与治理层沟通的事项中确定哪些事项对本期财务报表审计最为重要，因而构成关键审计事项。注册会计师应当在审计报告中描述这些事项，除非法律法规禁止公开披露这些事项，或在极少数情形下，注册会计师合理预期在审计报告中沟通某事项造成的负面后果超过在公众利益方面产生的益处，因而决定不应在审计报告中沟通该事项 |
| 按照相关法律法规的要求报告的事项（如适用） | 相关法律法规可能对注册会计师设定了其他报告责任 | 除审计准则规定的注册会计师对财务报表出具审计报告的责任外，相关法律法规可能对注册会计师设定了其他报告责任。例如，如果注册会计师在财务报表审计中注意到某些事项，可能被要求对这些事项予以报告。此外，注册会计师可能被要求实施额外规定的程序并予以报告，或对特定事项（如会计账簿和记录的适当性）发表意见。<br>在某些情况下，相关法律法规可能要求或允许注册会计师将对这些其他责任的报告作为对财务报表出具的审计报告的一部分。在另外一些情况下，相关法律法规可能要求或允许注册会计师在单独出具的报告中进行报告。 |

续　表

| 要　素 | 含　义 | 具　体　要　求 |
|---|---|---|
| 按照相关法律法规的要求报告的事项（如适用） | 相关法律法规可能对注册会计师设定了其他报告责任 | 这些责任是注册会计师按照审计准则对财务报表出具审计报告的责任的补充。例如，如果注册会计师在财务报表审计中注意到某些事项，可能被要求对这些事项予以报告。此外，注册会计师可能被要求实施额外规定的程序并予以报告，或对特定事项（如会计账簿和记录的适当性）发表意见。如果注册会计师在对财务报表出具的审计报告中履行其他报告责任，应当在审计报告中将其单独作为一部分，并以"按照相关法律法规的要求报告的事项"为标题。此时，审计报告应当区分为"对财务报表出具的审计报告"和"按照相关法律法规的要求报告的事项"两部分，以便将其同注册会计师的财务报表报告责任明确区分。在另外一些情况下，相关法律法规可能要求或允许注册会计师在单独出具的报告中进行报告 |
| 注册会计师的签名和盖章 | 由项目合伙人和另一名负责该项目的注册会计师签名并盖章 | 在审计报告中指明项目合伙人有助于进一步增强对审计报告使用者的透明度，有利于增强项目合伙人的个人责任感。因此，对上市实体整套通用目的财务报表出具的审计报告应当注明项目合伙人 |
| 会计师事务所的名称、地址和盖章 | 载明会计师事务所的名称和地址，并加盖会计师事务所公章 | 根据《中华人民共和国注册会计师法》的规定，注册会计师承办业务，由其所在的会计师事务所统一受理并与委托人签订委托合同。因此，审计报告除了应由注册会计师签名和盖章外，还应载明会计师事务所的名称和地址，并加盖会计师事务所公章。注册会计师在审计报告中载明会计师事务所地址时，标明会计师事务所所在的城市即可。在实务中，审计报告通常载于会计师事务所统一印刷的、标有该所详细通讯地址的信笺上，因此，无须在审计报告中注明详细地址 |
| 报告日期 | 注明报告日期 | 审计报告日期不应早于管理层签署财务报表的日期，也不应早于管理层签署书面声明的日期。<br>签署审计报告的日期通常与管理层签署财务报表的日期为同一天，或晚于管理层签署已审财务报表的日期。<br>注册会计师在确定审计报告日期时，应当确信已获取下列审计证据：<br>(1) 构成整套财务报表的所有报表（包括相关附注）已编制完成；<br>(2) 被审计单位的董事会、管理层或类似机构已经认可其对财务报表负责。 |

## 三、审计意见类型的确定

审计意见类型的确定如表 5-3 所示。

表 5-3　　　　　　　　　　　审计意见类型的确定

| 导致发表非无保留意见的事项的性质 | 这些事项对财务报表产生或可能产生影响的广泛性 ||
|---|---|---|
| | 重大但不具有广泛性 | 重大且具有广泛性 |
| 财务报表存在重大错报（注册会计师与被审计单位存在重大分歧，包括会计政策选用或运用的恰当性、会计估计作出的恰当性、财务报表披露的适当性和充分性等） | 保留意见 | 否定意见（财务报表没有在所有重大方面按照适用的财务报告编制基础的规定编制，未能公允反映财务状况、经营成果和现金流量） |
| 无法获取充分、适当的审计证据（包括超出被审计单位控制之外的情形、与注册会计师工作的性质或时间安排相关的情形、管理层施加的限制的情形等） | 保留意见 | 无法表示意见（审计范围受到限制的影响非常重大和广泛，以至于无法对财务报表发表审计意见） |

### 四、重要性和审计意见类型之间的关系

通常情况下，审计人员在审计工作中都会查出被审计单位存在的一些问题，面对这些问题审计人员是不是都要出具非无保留审计报告呢？重要性是在这种条件下需要考虑的关键因素。简单来说，如果问题不重要，就可以出具标准审计报告；如果问题重要，就要出具非无保留审计报告。所以，重要性是关键的判断和决策标准，重要性水平的判断会因人、因时、因事务所而异。重要性和审计意见类型之间的关系如表 5-4 所示。

表 5-4　　　　　　　　　重要性和审计意见类型之间的关系

| 重要性水平 | 从正常预期使用者的决策角度考虑重要性水平 | 审计意见类型 |
|---|---|---|
| 不很重要 | 预期使用者决策不会受影响 | 无保留意见 |
| 比较重要 | 有问题的信息对预期使用者具体决策具有重要影响，但财务报表整体仍然是公允反映的 | 保留意见 |
| 非常重要 | 大部分或所有预期使用者基于财务报表所作的决策都会受到严重影响，财务报表整体有失公允 | 无法表示意见或否定意见 |

## 任务三　掌握审计报告的编写要求和编写程序

### 一、审计报告的编写要求

审计报告在编写时要求做到要素完备、内容合法、证据充分、意见准确。

### 二、审计报告的编写程序

审计报告的具体编写程序如下：
（1）错报的沟通与更正。
（2）判断和运用重要性水平，主要是将被审计单位未调整不符事项汇总表与会计报表整体层次或账户余额认定层次的重要性水平进行比较，据以确定未调整不符事项对会计报表的影响程度。
（3）解决重要差异。

（4）整理和分析审计工作底稿。
（5）进行审计小结。
（6）提请被审计单位调整会计报表，审核会计报表及其附注。
（7）确定审计意见类型。
（8）在审计报告中沟通关键审计事项。
（9）复核审计工作底稿。
（10）出具审计报告。

## 任务四　编写不同类型审计报告

### 一、无保留意见审计报告的编写

注册会计师如果认为财务报表符合下列所有条件，应当出具无保留意见的审计报告：

（1）财务报表已经按照适用的会计准则和相关会计制度的规定编制，在所有重大方面公允反映了被审计单位的财务状况、经营成果和现金流量。

（2）注册会计师已经按照中国注册会计师审计准则的规定计划和实施审计工作，在审计过程中未受到限制。

### 二、非无保留审计报告的编写

1. 带强调事项段无保留意见审计报告的编写

某些审计准则对特定情况下在审计报告中增加强调事项段提出具体要求。这些情形包括：

（1）法律规定的财务报告编制基础不可接受，但其是由法律或法规作出的规定。

（2）提醒财务报表使用者注意财务报表按照特殊目的编制基础编制。

（3）注册会计师在审计报告日后知悉了某些事实（即期后事项），并且出具了新的审计报告或修改了审计报告。

除上述审计准则要求增加强调事项的情形除外，注册会计师可能认为需要增加强调事项段的情形有：

（1）异常诉讼或监管行动的未来结果存在不确定性。

（2）提前应用（在允许的情况下）对财务报表有广泛影响的新会计准则。

（3）存在已经或持续对被审计单位财务状况产生重大影响的特大灾难。

强调事项段的过多使用会降低注册会计师沟通所强调事项的有效性。此外，与财务报表中的列报或披露相比，在强调事项段中包括过多的信息，可能隐含着这些事项未被恰当列报或披露。因此，强调事项段应当仅提及已在财务报表中列报或披露的信息。

将强调事项段作为单独的一部分置于审计报告中，并使用包含"强调事项"这一术语的适当标题。明确提及被强调事项以及相关披露的位置，以便能够在财务报表中找到对该事项的详细描述。

在审计报告中包含强调事项段不影响审计意见。包含强调事项段不能代替下列情形：

（1）根据审计业务的具体情况，按照《中国注册会计师审计准则第 1502 号——在审计报告中发表非无保留意见》的规定发表非无保留意见。

（2）适用的财务报告编制基础要求管理层在财务报表中作出的披露，或为实现公允列报所需的其他披露。

（3）按照《中国注册会计师审计准则第 1324 号——持续经营》的规定，当可能导致对被审计单位持续经营能力产生重大疑虑的实现或情况存在重大不确定性时作出的报告。

2. 保留意见审计报告的编写

保留意见是指注册会计师对会计报表的反映有所保留的审计意见。即注册会计师对被审计单位会计报表的总体反映表示同意或认可，而对其中存在的影响报表表达的个别重要项目等持有异议而予以保留。

3. 否定意见审计报告的编写

否定意见是指与无保留意见相反，提出否定会计报表公允地反映被审计单位财务状况、经营成果和现金流量情况的审计意见。

4. 无法表示意见审计报告的编写

无法表示意见是指注册会计师说明其对被审计单位的会计报表不能发表意见，即注册会计师对被审计单位的会计报表不发表包括肯定、否定和保留的审计意见。

# 练 习 题

## 任务一 认知审计报告编制前的具体工作

### 一、单项选择题

1. 下列不属于注册会计师对财务报表审计时所出具的审计报告中，注册会计师责任段所描述的内容是（    ）。

   A. "选择的审计程序取决于注册会计师的判断，包括对由于舞弊或错误导致的财务报表重大错报风险的评估"

   B. "我们的责任是在执行审计工作的基础上对财务报表发表审计意见"

   C. "审计工作还包括评价治理层选用会计政策的恰当性和作出会计估计的合理性，以及评价财务报表的总体列报"

   D. "审计工作涉及实施审计程序，以获取有关财务报表金额和披露的审计证据"

2. 下列属于核算错误的是（    ）。

   A. 将应收账款登入预收账款

   B. 将预付账款计入应付账款

   C. 将其他应收款借方余额在编制报表时列入其他应付款贷方

   D. 没有计提坏账准备

3. 注册会计师在编制特殊编制基础的审计报告时，应当在引言段指明所审计会计报表的编制基础，并在意见段中说明所审计的会计报表（    ）。

   A. 是否遵循会计准则和国家其他财务会计法规的规定

   B. 会计处理方法是否遵循一贯性原则

   C. 在所有重大方面是否公允反映了被审计单位的财务状况和经营成果

   D. 在所有重大方面是否按照特殊编制基础公允反映

4. 重分类分录是针对（    ）编制的。

   A. 资产负债表　　　　　　　　　　B. 利润表

    C. 现金流量表 
    D. 资产负债表和利润表

5. 重分类误差是因为企业未按照( )而引起的误差。

    A. 会计准则的要求处理经济业务
    B. 税法的规定区分业务收入
    C. 会计制度规定编制会计报表
    D. 会计准则的要求编制记账凭证

6. 如果单笔误差低于项目层次重要性水平,且性质也不重要,可视为未调整不符事项。当若干笔未调整不符事项汇总数超过报表项目层次重要性水平时,注册会计师应当( )。

    A. 将未调整不符事项全部列入调整事项
    B. 将全部不调整事项仍然列入未调整事项
    C. 从中选取几笔误差进行调整,使未调整不符事项汇总数适当下降
    D. 从中选取几笔误差进行调整,使未调整不符事项汇总数下降到重要性水平之下

7. 管理层声明书的收件人是( )。

    A. 被审计单位管理层
    B. 被审计单位董事会
    C. 会计师事务所
    D. 会计师事务所及签署审计报告的注册会计师

8. 如果注册会计师在已审计会计报表公布后发现会计报表存在重大错报,最适宜的补救办法是( )。

    A. 与被审计单位管理层商讨补救措施
    B. 要求被审计单位立即发布一个修正后的会计报表
    C. 修改审计报告
    D. 在股东大会上陈述

9. 下列情形中,可能作为关键审计事项在审计报告中沟通的是( )。

    A. 公开披露某事项可能妨碍相关机构对某项违法行为或疑似违法行为的调查
    B. 导致非无保留意见的事项
    C. 被审计单位运用持续经营假设适当但存在重大不确定性,且财务报表对此已作出充分披露
    D. 被认为具有高度估计不确定性的会计估计

10. 下列关于在审计报告中沟通关键审计事项的说法中,正确的是( )。

    A. 注册会计师拟从与治理层沟通过的事项中选择对当期财务报表影响最大的事项作为关键审计事项
    B. 为便于财务报表预期使用者理解全部关键审计事项,注册会计师应当在审计报告中逐项描述每一关键审计事项
    C. 考虑到审计过程中对重要性的运用较多地涉及重大审计判断,注册会计师拟将对重要性的运用作为关键审计事项之一
    D. 由于审计项目组在评价甲公司与持续经营相关的重大不确定性方面耗费的审计资源最多,注册会计师拟在关键审计事项部分沟通与持续经营相关的重大不确定性

11. 下列有关关键审计事项的表述中,不正确的是( )。

    A. 审计准则要求注册会计师在上市实体整套通用目的财务报表审计报告中增加关键审计事项部分,用于沟通关键审计事项
    B. 沟通关键审计事项,可以提高已执行审计工作的透明度,从而提高审计报告的决策相

关性和有用性

C. 沟通关键审计事项能够为财务报表使用者提供额外的信息,以帮助其了解被审计单位、已审计财务报表中涉及重大管理层判断的领域

D. 关键审计事项不属于与治理层沟通中的事项

## 二、多项选择题

1. 如果出现(　　)情况,注册会计师一般应认为审计范围受到限制,就不能发表无保留意见的审计报告。

　　A. 律师对被审计单位的叙述情况不加修正
　　B. 律师拒绝提供律师声明书
　　C. 律师在律师声明书中隐瞒信息
　　D. 律师在律师声明书中肯定被审计单位的叙述

2. 注册会计师在划分建议调整的不符事项与未调整的不符事项,应当考虑核算误差的(　　)因素。

　　A. 项目核算性质　　　　　　　B. 金额
　　C. 性质　　　　　　　　　　　D. 项目审计成本

3. 注册会计师签发的审计报告,主要有(　　)作用。

　　A. 证明　　　B. 鉴证　　　C. 监督　　　D. 保护

4. 注册会计师应当在审计报告的范围段中,指明(　　)事项。

　　A. 按照独立审计准则计划和实施审计工作,以合理确信会计报表是否不存在重大错报
　　B. 审计工作包括在抽查的基础上检查支持会计报表金额和披露的证据,评价管理当局在编制会计报表时采用的会计政策和做出的重大会计估计,以及评价会计报表的整体反映
　　C. 审计工作为注册会计师发表意见提供了合理的基础
　　D. 已审计会计报表的名称和日期或期间

5. 注册会计师编制特殊目的的审计报告,适用于(　　)情况。

　　A. 对简要会计报表审计　　　　B. 对基建工作项目审计
　　C. 对会计报表组成部分审计　　D. 对盈利预测的审核

6. 对注册会计师发表审计意见时所陈述的"公允反映"含义包括(　　)。

　　A. "公允反映"是针对会计报表编制而言的
　　B. 会计政策的选用和重大会计估计的确定合法性与恰当性
　　C. 影响会计报表使用人判断或决策的事项表达和披露恰当性
　　D. 会计报表中所反映的信息分类和汇总合理性

## 三、判断题

1. 会计师无论是执行一般目的审计业务还是执行特殊目的审计业务,均应当运用独立审计具体准则。(　　)

2. 无保留意见审计报告,是注册会计师对被审计单位会计报表发表不带强调事项段的无保留意见审计报告。(　　)

3. 如果已对会计报表整体发表否定意见或无法表示意见,注册会计师只有在会计报表组成部分对整体会计报表不产生重大影响时,才可对组成部分出具审计报告。(　　)

### 四、简答题

1. 对于审计中发现的核算误差，注册会计师应如何运用重要性原则来划分建议调整的不符事项与未建议调整的不符事项？

2. 试述注册会计师对重要性和审计风险进行最终评估时，各阶段汇总审计差异所应包括的范围。

## 任务二　认知审计报告

### 一、单项选择题

1. 注册会计师出具审计报告时，应该删除责任段的审计意见属于（　　）。

   A. 无保留意见　　　B. 无法表示意见　　　C. 否定意见　　　D. 保留意见

2. 注册会计师出具无保留意见的审计报告时，一般以（　　）作为意见段的开头。

   A. 我们合理保证　　B. 我们合理确信　　C. 我们以为　　　D. 我们认为

3. 如果审计报告中出现"由于无法实施必要的审计程序""由于无法获取必要的审计证据"等术语，则说明该审计报告很可能是（　　）审计报告。

   A. 保留意见　　　B. 无保留意见　　　C. 否定意见　　　D. 无法表示意见

4. 在对会计报表组成部分出具审计报告时，注册会计师应当（　　）。

   A. 在说明段中指明会计报表组成部分所依据的编制基础

   B. 在说明段中提及对编制基础加以限定的协议

   C. 提请被审计单位在审计报告后附送整体会计报表

   D. 提请被审计单位不应在审计报告后附送整体会计报表

### 二、多项选择题

1. 如果认为会计报表同时符合（　　）情形时，注册会计师应当出具无保留意见的审计报告。

   A. 会计报表按照国家颁布的企业会计准则和相关会计制度的规定，在所有重大方面公允反映了被审计单位的财务状况、经营成果和现金流量

   B. 注册会计师已经按照注册会计师审计准则计划和实施了审计工作，在审计过程中未受到限制

   C. 存在应当调整或披露而被审计单位未予调整或披露的重要事项

   D. 不存在应当调整或披露而被审计单位未予调整或披露的重要事项

2. 注册会计师在查阅其他信息时，如果发现其他信息确实存在重大错报，应提请被审计单位修改其他信息。如果被审计单位拒绝修改，注册会计师可以（　　）。

   A. 发表否定意见

   B. 拒绝出具审计报告

   C. 将对其他信息的关注以书面形式告知被审计单位管理当局

   D. 在股东大会上陈述

3. 在评价财务报表是否实现公允反映时，注册会计师应当考虑的内容有（　　）。

   A. 管理层作出的会计估计是否合理

   B. 财务报表是否作出充分披露，使财务报表使用者能够理解重大交易和事项对被审计

单位财务状况、经营成果和现金流量的影响

C. 财务报表的整体列报、结构和内容是否合理

D. 财务报表(包括相关附注)是否公允地反映了相关交易和事项

4. 下列事项中,可以在关键审计事项部分进行描述的有(　　)。

A. 导致发表非无保留意见的事项

B. 与财务报表中涉及具有高度不确定性的会计估计相关的重大审计判断

C. 识别出的特别风险

D. 导致对被审计单位持续经营能力产生重大疑虑的事项或情况存在重大不确定性

5. 注册会计师在确定审计报告日期时,以下属于确认审计报告日条件的有(　　)。

A. 构成整套财务报表的所有报表已编制完成

B. 被审计单位的董事会、管理层或类似机构已经认可其对财务报表负责

C. 应当提请被审计单位调整的事项已经提出,但被审计单位还未进行调整

D. 相关附注已编制完成

### 三、判断题

1. 注册会计师执行特殊目的审计业务,应当在审计报告中说明审计报告在分发和使用上的限制。(　　)

2. 注册会计师出具保留意见审计报告时,如果认为必要,也可以在意见段之后增加对重要事项的说明。(　　)

3. 注册会计师在查阅审计报告公布日后获取的其他信息时,如果注意到存在重大不一致或明显的对事实的重大错报,应当提请被审计单位修改其他信息。(　　)

### 四、简答题

1. 审计报告中注册会计师的责任段应当说明哪些主要内容?

2. 当存在什么情形时,如果认为对财务报表的影响是重大的或可能是重大的,注册会计师应当出具非无保留意见的审计报告?

## 任务三　掌握审计报告的编写要求和编写程序

### 一、单项选择题

1. 如果注册会计师发现被审计单位有总金额超过重要性水平、账龄长达3年的应收账款,且被审计单位对此进行了适当的披露,这部分应收账款的收回与否导致对被审计单位的持续经营假设合理性产生重大影响时(被审计单位已经采取防范措施且措施合理),注册会计师应当(　　)。

A. 发表无法表示意见　　　　　　　B. 发表无保留意见

C. 在意见段后增设强调事项段　　　D. 发表保留意见

2. 如果被审计单位存在重大的不确定事项,注册会计师可能针对这一事项在审计报告的意见段后增加强调事项段。在以下对不确定事项的理解中,不正确的是(　　)。

A. 不确定事项不受被审计单位的直接控制,在管理层批准财务报表日,不可能获得更多信息消除该不确定事项

B. 不确定事项在可预见的将来无法解决

C. 不确定事项可能影响财务报表,并且影响并不遥远,可以预计在未来时日得到解决

D. 不确定事项的结果依赖于未来行动或事项

3. 注册会计师应当就获取其他信息的问题提前与被审计单位沟通,提请被审计单位作出适当安排,在尽可能早的时间内把与已审计财务报表一同披露的其他信息提供给注册会计师,以便注册会计师能够在下列日期获取并阅读其他信息的时间是( )。

  A. 资产负债表日前      B. 审计报告日之前

  C. 财务报表报出日前      D. 财务报表批准报出日前

4. 若被审计单位失去了一家极为重要的客户,但拒绝在财务报表的附注中作适当披露,注册会计师的下列观点中,正确的是( )。

  A. 这属于期后事项,应出具带说明段的保留意见

  B. 这属于期后事项,应出具带强调段的无保留意见

  C. 这属于影响持续经营能力的因素,应出具保留意见

  D. 这属于或有事项,可出具带说明段的无保留意见

5. 可以在审计报告强调事项段中提及对应数据的情形是( )。

  A. 导致对上期财务报表发表非无保留意见的事项在本期尚未解决,仍对本期财务报表产生重大影响

  B. 导致对上期财务报表发表非无保留意见的事项已经解决,但对本期财务报表仍很重要

  C. 上期财务报表由 A 会计师事务所实施审计并出具了无保留意见的审计报告,但 B 会计师事务所对本期财务报表审计的过程中识别出对应数据存在重大错报,但管理层拒绝更正

  D. 上期财务报表未经审计

## 二、多项选择题

1. 当出具无法表示意见的审计报告时,注册会计师应当删除( )。

  A. 引言段        B. 范围段

  C. 范围段中对审计工作的描述    D. 引言段中对自身责任的描述

2. 审计意见应当说明财务报表是否在所有重大方面公允反映了被审计单位的财务状况、经营成果和现金流量。评价财务报表是否具有公允性应考虑的内容包括( )。

  A. 财务报表是否真实地反映了交易和事项的经济实质

  B. 管理层做出的会计估计是否合理

  C. 经管理层调整后的财务报表,是否与注册会计师对被审计单位及其环境的了解一致

  D. 财务报表的列报、结构和内容是否合理

3. 下列关于强调事项段的说法中,正确的有( )。

  A. 当存在可能导致对持续经营能力产生重大疑虑的事项或情况,但不影响已发表的审计意见时,注册会计师应在审计意见段之后增加强调事项段对此予以强调

  B. 当存在可能对财务报表产生重大影响的不确定事项(持续经营问题除外),但不影响已发表的审计意见时,注册会计师应考虑在审计意见段之后增加强调事项段对此予以强调

  C. 当以前针对上期财务报表出具的审计报告为非无保留意见的审计报告时,如果导致

非无保留意见的事项虽已解决,但对本期仍很重要,注册会计师可在审计报告中增加强调事项段提及这一情况

D. 注册会计师应在强调事项段中指明,该段内容仅用于提醒财务报表使用者关注,并不影响已发表的审计意见

4. 当存在(　　　)情形时,注册会计师应当出具否定意见审计报告。
A. 财务报表没有按照适用的会计准则和相关会计制度的规定编制
B. 未能在所有重大方面公允反映被审计单位的财务状况、经营成果和现金流量
C. 财务报表未能揭示被审计单位的发展前景
D. 被审计单位持续经营能力存在重大疑虑

5. 注册会计师与管理层在会计政策选用方面的分歧,主要体现在以下方面(　　　)。
A. 管理层选用的会计政策不符合适用的会计准则和相关会计制度的规定
B. 管理层选用的会计政策不符合具体情况的需要
C. 管理层选用了不适当的会计政策,导致财务报表在所有重大方面未能公允反映被审计单位的财务状况、经营成果和现金流量
D. 管理层选用的会计政策没有按照适用的会计准则和相关会计制度的要求得到一贯运用,即没有一贯地运用于不同期间相同的或者相似的交易和事项

6. 下列情况中,注册会计师应当发表保留意见或无法表示意见的有(　　　)。
A. 因审计范围受到被审计单位限制,注册会计师无法就可能存在的对财务报表产生重大影响的错误与舞弊,获取充分、适当的审计证据
B. 因审计范围受到被审计单位限制,注册会计师无法就对财务报表可能产生重大影响的违反或可能违反法规行为,获取充分适当的审计证据
C. 注册会计师已经按照中国注册会计师审计准则的规定计划和实施审计工作,在审计过程中未受到限制
D. 被审计单位管理层拒绝就对财务报表具有重大影响的事项,提供必要的书面声明,或拒绝就重要的口头声明予以书面确认

## 三、判断题

1. 审计报告就是查账验证报告,是审计工作的最终成果。　　　　　　　　(　　)
2. 审计报告是注册会计师对被审计单位与会计报表所有方面发表审计意见。(　　)
3. 审计报告的签署日期为注册会计师完成审计报告撰写的日期。　　　　　(　　)
4. 期后事项是审计的重要内容之一,但其审计结果不会改变注册会计师出具审计报告的意见类型。　　　　　　　　　　　　　　　　　　　　　　　　　　　　(　　)

## 四、简答题

1. 注册会计师在审计报告意见段后增加强调事项段有哪几种情形?
2. 注册会计师需要在审计报告中增加其他事项段有哪几种情形?

## 任务四　编写不同类型审计报告

### 一、单项选择题

1. 审计报告的收件人应该是(　　)。

A. 审计业务的委托人　　　　　　　　B. 被审计单位管理层
C. 被审计单位的债权人　　　　　　　D. 社会公众

2. 注册会计师在3月2日完成对被审计单位年度财务报表审计的外勤工作,并开始编写审计报告。3月17日注册会计师得知被审计单位原估计败诉的一项重大诉讼在3月14日裁定胜诉,注册会计师于4月1日完成了对这一事项的审核,则审计报告签署的日期应该是(　　)。

A. 4月1日　　　B. 3月14日　　　C. 3月17日　　　D. 3月2日

3. 在审计意见的表述中,常常会遇见"除了上述问题外""除了以上问题造成的影响外"这样的术语,这表明该项审计意见属于(　　)。

A. 无保留意见　　B. 保留意见　　C. 否定意见　　D. 无法表示意见

## 二、多项选择题

1. 注册会计师在审计简要会计报表时,(　　)。

A. 不对详细会计报表审计,即可对简要会计报表发表审计意见
B. 只有对详细会计报表审计以后,才可对简要会计报表发表审计意见
C. 对简要会计报表发表审计意见,可以不提对详细会计报表审计的意见
D. 简要会计报表审计报告意见段之后增加说明段

2. 审计报告的引言段应当说明被审计单位的名称和财务报表已经过审计,并包括下列内容(　　)。

A. 指出构成整套财务报表的每张财务报表的名称
B. 被审计单位管理层选择和运用恰当的会计政策
C. 提及财务报表附注
D. 指明财务报表的日期和涵盖的期间

3. 注册会计师在确定审计报告日期时,应当考虑的内容有(　　)。

A. 应当实施的审计程序已经完成
B. 管理层已经正式签署财务报表
C. 所审计的财务报表已经批准对外报出
D. 应当提请被审计单位调整的事项已经提出,被审计单位已经作出调整或拒绝作出调整

4. 在审计报告日后至财务报表报出日前,如果知悉可能对财务报表产生重大影响的事实,注册会计师实施审计程序后认为需要修改财务报表,管理层拒绝修改财务报表,并且审计报告已提交给被审计单位(上市公司),以下处理中,正确的有(　　)。

A. 通知治理层不要将财务报表和审计报告向第三方报出
B. 如果不修改财务报表仍被报出,在考虑自身的权利和义务以及所征询的法律意见后利用证券传媒,刊登声明
C. 修改审计报告
D. 在下次审计时考虑对审计报告的影响

5. 下列情形中,属于可能需要在审计报告中增加强调事项段的情形有(　　)。

A. 异常诉讼或监管行动的未来结果存在不确定性
B. 在允许的情况下,提前应用对财务报表有广泛影响的新会计准则

C. 与使用者理解审计工作相关的情形

D. 对两套以上财务报表出具审计报告的情形

6. 注册会计师在进行审计时遇到了以下的情况,其中,注册会计师不会增加强调事项段的有(　　　)。

A. 在审计报告日后,注册会计师发现新的错报,管理层对财务报表进行了修改

B. 被审计单位持续经营能力存在不确定性,但是已进行了充分的披露

C. 被审计单位持续经营能力存在不确定性,并且拒绝进行披露

D. 被审计单位受到其他单位起诉,指控其侵犯专利权,要求其停止侵权行为并赔偿造成的损失,法院已经受理但尚未审理

7. 在审计报告中增加强调事项段,强调事项段不能代替的情形的有(　　　)。

A. 提醒财务报表使用者注意财务报表按照特殊目的的编制基础编制

B. 发表非无保留意见的情形

C. 适用的财务报表编制基础要求管理层在财务报表中作出的披露

D. 对持续经营能力存在重大不确定性时作出的报告

8. 下列关于审计报告其他事项段的说法中,正确的有(　　　)

A. 如果财务报表附注遗漏了应披露的事项,并且该事项重大注册会计师应当考虑在审计报告中增加其他事项段予以说明

B. 如果上期财务报表未经审计,应当在其他事项段中予以说明

C. 如果被审计单位未按照企业会计准则的规定在财务报表中列报或披露某事项,不能将其包括在审计报告的其他事项段中

D. 含有已审计财务报表的文件中的其他信息与已审计财务报表存在重大不一致,需要修改其他信息,但管理层拒绝修改,注册会计师可以考虑在审计报告中增加其他事项段

## 三、判断题

1. 单笔差错小于会计报表项目重要性水平,其累计数大于会计报表项目层次重要性水平但小于报表层次重要性水平,注册会计师可不要求被审计单位调整所有差错。(　　　)

2. 如果被审计单位管理当局拒绝就对会计报表具有重大影响的事项提供必要的书面声明,或者拒绝就重要的口头声明予以确认,注册会计师应将其视为审计范围受到严重限制,并出具保留意见或无法表示意见的审计报告。(　　　)

3. 注册会计师可以根据审计结果发表不同形式的审计报告来表达审计意见,也有权据此修改应调整的会计报表。(　　　)

4. 注册会计师应当在会计报表组成部分审计报告意见段后增加说明段,指明为了更好地理解会计报表,会计报表组成部分应当与已审会计报表及其审计报告一并阅读。(　　　)

# 项 目 实 训

## 实 训 一

1. **资料**：ABC会计师事务所的A和B注册会计师对公开发行A股的XYZ股份有限公

司 2021 年度的会计报表进行审计,在审计过程中发现以下六个事项:

(1) XYZ 股份有限公司于 2020 年 4 月 1 日以每股 2.12 元的账面价值协议受让了四海科技股份有限公司原第一大股东所持四海科技股份有限公司的 10% 股份,计 400 万股。四海科技股份有限公司于 2021 年 4 月 10 日发布的年报显示,2020 年度该公司每股实现盈利 2.00 元,并宣告以 3 月 31 日为基准日,每股分派现金股利 2.00 元,XYZ 股份有限公司将其确认为投资收益,于 4 月月底进行了有关的账务处理。

(2) 可达电子经贸公司于 2021 年 6 月指控 XYZ 股份有限公司侵犯了其某项专利权,要求赔偿经济损失 280 万元。2021 年 12 月 15 日一审判决 XYZ 股份有限公司应支付赔偿款 215 万元,并承担诉讼费 1 万元。XYZ 股份有限公司不服并于当月提起上诉,由于该诉讼尚在进一步审理中,公司未作任何处理。

(3) XYZ 股份有限公司采用备抵法核算坏账,坏账准备按期末应收账款及其他应收款余额的 0.5% 计列。2021 年 12 月 31 日未经审计的资产负债表中反映的应收账款项目为 5 000 万元,其他应收款项目为 1 000 万元,坏账准备项目为贷方余额 10 万元。应收账款项目的明细组成如下:

| 应收账款——A 公司 | 3 000 万元 |
| 应收账款——B 公司 | 580 万元 |
| 应收账款——C 公司 | 3 020 万元 |
| 应收账款——D 公司 | −1 600 万元 |
| 合　　计 | 5 000 万元 |

(4) 2021 年 4 月 5 日 XYZ 股份有限公司以一座办公大楼投资于希望公司,该项固定资产原值 1 200 万元,预计使用年限 20 年,预计净残值率 5%,于 2017 年 3 月建成并启用。投资时该大楼作价 1 000 万元,增值部分 XYZ 股份有限公司全部记入了"资本公积——股权投资准备"科目。投资当月,该项固定资产未计提折旧。公司投资时的会计处理为:

借:长期股权投资——希望公司　　　　　　　　　　　　　10 000 000
　　累计折旧　　　　　　　　　　　　　　　　　　　　　　2 280 000
　贷:固定资产　　　　　　　　　　　　　　　　　　　　　12 000 000
　　　资本公积——股权投资准备　　　　　　　　　　　　　　280 000

(5) 2021 年 12 月 28 日,XYZ 股份有限公司销售了一批商品给琼海公司,售价为 1 000 万元,相关的增值税为 130 万元,相应的销售成本为 800 万元。此笔销售业务在 2022 年 1 月 10 日收到货款后公司进行了账务处理。

(6) XYZ 股份有限公司出资 5 万港元(折合人民币 5.50 万元),于 7 月 1 日与他人在香港合资组建了 H 有限公司,XYZ 股份有限公司占其 30% 的股权。截至审计外勤工作结束日,H 有限公司 2021 年度会计报表仍未经审计。XYZ 股份有限公司于 2021 年 12 月 31 日,根据 H 有限公司提供的 2021 年度会计报表所反映的净利润折合人民币为 5 万元,按权益法进行了核算。

**2. 要求:**

(1) XYZ 股份有限公司 2021 年度未审会计报表反映其资产总额为 35 000 万元,利润总额为 3 800 万元,所得税税率为 25%。假定不考虑 XYZ 股份有限公司 2021 年度会计报表项目层次的重要性水平,就审计发现的上述六个事项,请代 A 和 B 注册会计师提出相应的处理建议。建议调整的列示审计调整分录(不考虑调整分录对税费、期末结转损益及利润分配的影响),建议在报表附注中披露的说明其内容,无须调整或披露的说明理由。

(2) 假定 A 和 B 注册会计师评估确定的 XYZ 股份有限公司 2021 年度会计报表层次的重要性水平为 100 万元,在 2022 年 3 月 15 日结束外勤审计时经与 XYZ 股份有限公司管理当局交换意见,公司接受了除上述第(5)条外的其他所有建议。若不考虑其他因素,请代 A 和 B 注册会计师编制审计报告。

## 实 训 二

**1. 资料:** (1) XYZ 公司 2021 年度净利润为 16 万元,注册会计师对其 2021 年会计报表出具了保留意见审计报告,说明段表述如下:"贵公司账面反映的在建工程为 2 号流水线工程,该项目 2021 年度处于停建状态,贵公司 2021 年度对上述项目利息资本化金额为 895 万元。"

(2) 注册会计师审计 XYZ 公司 2021 年会计报表时,确定其会计报表的重要性水平为 500 万元,主要是关注到以下两种情况:一是 XYZ 公司 2021 年停止使用且准备处置的固定资产在 2021 年没有计提折旧 670 万元;二是 XYZ 公司对合同约定采用到岸价格的一笔 2021 年 12 月 24 日发出的销售给美国 A 公司的业务确认主营业务收入 650 万元。注册会计师在判断出具审计报告的审计意见的类型时,认为 XYZ 公司不予调整的固定资产少计提折旧情况会导致出具保留意见,但 XYZ 公司不予调整的多计收入情况会导致出具否定意见。最终,注册会计师对 XYZ 公司 2021 年会计报表发表了否定意见的审计报告。

(3) XYZ 公司 2021 年会计报表的资产总额为 7 065 万元,利润总额为 982 万元。注册会计师对 XYZ 公司 2021 年会计报表出具了保留意见审计报告,说明段表述如下:"如附注五所述,贵公司 2020 年对 A 公司投资 2 280 万元,占 A 公司股权比例 33%。到 2021 年年底,贵公司累计投资收益 1 940 万元,其中 2021 年列计 1 185 万元。但贵公司未提供 A 公司 2020 年和 2021 年的会计报表,受客观条件限制,我们不能对 A 公司实施审计,因而无法确认该项投资收益。"

(4) XYZ 公司 2021 年度净利润—10 967 万元,总资产 111 696 万元。注册会计师对 XYZ 公司 2021 年会计报表出具了无法表示意见的审计报告。说明段表述如下:"根据我们的审查:① 2021 年,贵公司在连续两年亏损的情况下继续亏损,账面亏损金额为人民币 10 967 万元,实际亏损金额为 31 729 万元,贵公司净资产出现负数,账面资产总额为人民币 111 696 万元,实际资产总额为 95 816 万元,账面净资产为人民币 —10 188 万元,实际为 —12 836 万元。② 贵公司目前涉及诉讼案件 66 起,涉及金额人民币 21 646 万元,其中,贵公司作为被告的 53 起,一审均已败诉,涉及金额人民币 20 267 万元;贵公司作为原告的 13 起,涉及金额人民币 1 379 万元。上述诉讼案均未在账表中反映。③ 函证其他应收款出现差异 6 291 万元,贵公司拒绝进行调整。"

(5) 注册会计师对 XYZ 公司 2021 年度的会计报表发表了无保留意见的审计报告(标准报告),但 XYZ 公司的会计报表附注(二)中披露:"2021 年 12 月 27 日,由于 A 公司状告 XYZ 公司侵犯其专利权,要求赔偿 322 万元,截至 2021 年 12 月 31 日,该诉讼案正在审理中,无法预计其最有可能的赔偿金额。"

(6) 注册会计师对 2021 年 XYZ 公司会计报表发表了带强调事项段的无保留意见,其强调事项段表述为:"贵公司存在以下问题:① 在建工程处于停建状态;② 对货到款未付的材料未能准确核算;③ 出售报废资产未取得批准手续;④ 银行存款未达账项金额较多。"

(7) XYZ公司2021年会计报表附注9.1披露:"公司为A公司提供银行借款担保3 000万元。因A公司无力偿还借款,法院判决由公司偿还借款余额2 500万元,并于2021年10月21日强制执行1 500万元,其余1 000万元尚未支付。"注册会计师对XYZ公司2021年会计报表审计出具了带强调事项段的无保留意见审计报告,其强调事项段表述为:"此外,在审计过程中,我们还注意到:截至2021年12月31日,公司对外担保损失金额达1 500万元,未作账务处理。详见贵公司会计报表注释9.1。"

(8) 注册会计师对2021年XYZ公司会计报表出具了带强调事项段的无保留意见审计报告,其强调事项段表述为:"如附注八(1)所述,贵公司从2021年起改变了计提坏账准备的方法。"

(9) 注册会计师对XYZ公司2021年会计报表审计出具了带强调事项段的无保留意见审计报告,其强调事项段披露:"贵公司上年度会计报表非由我所审计,我们对本年度会计报表期初余额不予置评。"

**2. 要求**:根据上述事项进行分析,注册会计师应发表何种类型的审计报告?

## 实 训 三

**1. 资料**:新华会计师事务所的王平和张兵注册会计师对中华股份有限公司2021年度的财务报表进行审计,确定的财务报表层次重要性水平为30万元。完成审计工作的日期是2022年3月26日,并于2022年3月28日递交审计报告。中华股份有限公司2021年度审计前财务报表反映的资产总额为8 000万元,净资产为2 400万元,利润总额为200万元。王平和张兵注册会计师经审计发现该公司以下三个事项存在问题:

(1) 2021年3月1日,公司为增加营运资金按面值发行了2年期,面值为6 000万元,票面利率为4%的企业债券,当日筹足资金并按规定作了相应的会计处理(债券发行费用忽略不计),但当年未计提债券利息。

(2) 2021年10月31日,公司盘点产成品仓库,发现甲产品短缺3万元,作了借记"待处理财产损溢"账户3万元、贷记"库存商品"账户3万元的会计处理。2022年1月份查清短缺原因系内部职工偷盗。由于结账时间在前,公司未在2021年度财务报表中包含对这一经济业务相应的会计处理。

(3) 2021年4月,公司购买价格为600万元的机器设备一台并入账,当月启用。但当年未计提折旧。公司采用平均年限法核算固定资产折旧,该类固定资产预计使用年限为10年,预计净残值率为5%。

**2. 要求**:请回答以下问题:(1) 假如中华股份有限公司对以上三个事项存在的问题都拒绝进行调整,注册会计师应编制哪一种类型的审计报告?并请说明理由。

(2) 假如中华股份有限公司只对以上事项(1)未计提债券利息进行调整,对后两个事项拒绝调整,注册会计师应编制哪一种类型的审计报告?并请说明理由。

(3) 假如中华股份有限公司只对以上事项(1)未计提债券利息和事项(2)待处理财产损溢进行调整,对事项(3)未计提折旧拒绝调整,注册会计师应编制哪一种类型的审计报告?并请说明理由。

(4) 假如中华股份有限公司只对以上事项(1)未计提债券利息和事项(3)未计提折旧进行调整,对事项(2)拒绝调整,注册会计师应编制哪一种类型的审计报告?并请说明理由。

## 实 训 四

**1. 资料：** 甲注册会计师作为 Z 会计师事务所审计项目负责人，在审计以下单位 2021 年度财务报表时分别遇到以下情况：

（1）A 公司拥有一项长期股权投资，账面价值 500 万元，持股比例 30%。2021 年 12 月 31 日，A 公司与 K 公司签署投资转让协议，拟以 450 万元的价格转让该项长期股权投资，已收到价款 300 万元，但尚未办理产权过户手续，A 公司以该项长期股权投资正在转让之中为由，不再计提减值准备。注册会计师确定的重要性水平为 30 万元，A 公司未审计的利润总额为 120 万元。

（2）B 公司于 2020 年 5 月为 L 公司 1 年期银行借款 1 000 万元提供担保，因 L 公司不能及时偿还，银行于 2021 年 11 月向法院提起诉讼，要求 B 公司承担连带清偿责任。2021 年 12 月 31 日，B 公司在咨询律师后，根据 L 公司的财务状况，计提了 500 万元的预计负债。对上述预计负债，B 公司已在财务报表附注中进行了适当披露。截至审计工作完成日，法院未对该项诉讼做出判决。

（3）C 公司在 2021 年度向其控股股东 M 公司以市场价格销售产品 5 000 万元，以成本加成价格（公允价格）购入原材料 3 000 万元，上述销售和采购分别占 C 公司当年销货、购货的比例为 30% 和 40%，C 公司已在财务报表附注中进行了适当披露。

（4）甲注册会计师在审计时，发现 D 公司应在 2020 年 6 月确认的一项销售费用 200 万元没有进行确认。D 公司在编制 2020 年度财务报表时，未对此项会计差错进行任何处理。D 公司 2021 年度利润总额为 180 万元。

（5）E 公司于 2021 年年末更换了大股东，并成立了新的董事会，继任法定代表人以刚上任、不了解以前年度情况为由，拒绝签署 2021 年度已审财务报表和提供管理层声明书。原法定代表人以不再继续履行职责为由，也拒绝签署 2021 年度已审计财务报表和提供的管理层声明书。

**2. 要求：** 假定上述情况对各被审计单位 2021 年度财务报表的影响都是重要的（各个事项相互独立），且对于各事项被审计单位均拒绝接受甲注册会计师提出的审计处理建议（如有）。在不考虑其他因素影响的前提下，请分别针对上述五种情况，判断甲注册会计师应对 2021 年度财务报表出具何种类型的审计报告，并简要说明理由。

# 项目六　进行审计抽样

## 学 习 指 导

### 任务一　认知审计抽样及其种类

#### 一、判断抽查法

判断抽查法是指审计人员根据长期积累的经验,结合审计的要求以及进入被审计单位了解到的情况,通过主观判断,从特定审计对象的总体中有选择地、有重点地抽取部分项目进行审核检查,并根据检查结果来推断总体的一种抽查技术。

#### 二、统计抽样

统计抽样的基本步骤如下:

(1) 确定抽样总体。

(2) 确定样本量。

(3) 随机抽取样本。随机选取样本项目的基本方法包括:随机数表抽样;机械随机抽样;金额单位抽样;整群随机抽样;分层随机抽样。

(4) 详细审查样本。在总体中将需要检查的项目抽出以后,应采用相应的技术方法进行检查。并在检查完毕后,根据检查的结果计算实际的差错或实际的标准差,然后,与预计的差错率或标准差比较。

(5) 推断总体。通过对预计差错率或标准差的比较,认为已经符合要求,则应对总体进行推断。

### 任务二　实施审计抽样

属性抽样可以利用样本的特征分析来估计总体的特征,也可以利用总体中存在的某种特征通过抽样来发现具有该特征的项目。前者称属性估计抽样,后者称发现抽样。这两种方法经常运用于审计人员对内部控制的符合性测试工作中。

变量抽样旨在通过对样本的分析来推断总体数额的合理性,因此,它经常被审计人员用来对账户金额进行实质性测试。变量抽样有许多种方法,如均值估计抽样、比率估计抽样和差额估计抽样等。

金额单位抽样将样本单位确定为1元,将总体确定为所有项目金额的累加合计数,然后再采取某种选样方法选取样本项目。其优点主要有:大金额的样本项目比小金额样本项目选中的机会大。缺点主要有:零余额、小余额或负(贷项)余额或选中的机会小或无法被选中,审计人员可对其进行特殊处理;计算累加金额比较烦琐,对此问题审计人员可利用计算机来处理。

对样本检查后的评价,审计人员依然可以运用属性抽样的样本结果评价表来进行。但评价时,有两点不同:一是需要确定一元错误百分比;二是既要评价高估余额错误,又要评价低估余额错误。在实务中,进行审计抽样需考虑抽样风险,抽样风险对审计工作的影响如表6-1所示。

表6-1　　　　　　　　　抽样风险对审计工作的影响

| 测试种类 | 影响审计效率的风险 | 影响审计效果的风险 |
| --- | --- | --- |
| 控制测试 | 依赖不足风险 | 依赖过度风险 |
| 细节测试 | 误拒风险 | 误受风险 |

## 任务三　在审计测试中应用审计抽样

### 一、审计抽样在控制测试中的应用

(1) 样本设计阶段。注册会计师通常在期中实施控制测试。由于期中测试获取的证据只与控制在期中的运行有关,注册会计师需要确定如何获取关于剩余期间的证据。具体内容包括:① 将总体定义为整个被审计期间的交易:初始测试和估计总体;② 将总体定义为从年初到期中测试日为止的交易。

(2) 选取样本阶段。选取样本阶段分三步完成:① 确定样本规模,注册会计师可以使用样本量表确定样本规模;② 选取样本,可以采用随机数表或计算机辅助审计技术和系统选样;③ 实施审计程序。

(3) 评价样本结果阶段。评价样本结果通常包括:① 计算总体偏差率——样本的偏差率就是对总体偏差率的最佳估计,但必须考虑抽样风险;② 分析偏差的性质和原因——注册会计师应对偏差性质和原因进行分析;③ 得出总体结论。

### 二、在控制测试中使用非统计抽样

(1) 在控制测试中使用非统计抽样时,抽样的基本流程和主要步骤与使用统计抽样时相同。

(2) 在非统计抽样中,注册会计师也必须考虑可接受抽样风险、可容忍偏差率、预计总体偏差率以及总体规模等,但可以不对其量化,而只进行定性的估计。

(3) 控制实施的相关期间越长(年或季度),需要测试的样本越多;控制程序越复杂,测试的样本越多;样本规模还取决于所测试的控制的类型,通常对人工控制实施的测试要多过自动化控制;如果所测试的控制包含人工监督和参与,则通常比自动控制需要测试更多的样本。

(4) 在控制测试中使用非统计抽样时,注册会计师可以根据抽样规模表确定所需的样本规模。抽样规模表是在预计没有控制偏差的情况下对人工控制进行测试的最低样本数量。考虑到前述因素,注册会计师往往可能需要测试比抽样规模表中所列更多的样本。

(5) 在非统计抽样方法中,注册会计师可以使用随机数表或计算机辅助审计技术选样、系统选样,也可以使用随意选样。非统计抽样只要求选出的样本具有代表性,并不要求必须是随机样本。

(6) 在非统计抽样中,抽样风险无法直接计量。注册会计师通常将样本偏差率(即估计的总体偏差率)与可容忍偏差率相比较,以判断总体是否可以接受。

### 三、在细节测试中使用统计抽样

统计抽样和非统计抽样的流程和步骤完全一样,只是在确定样本规模、选取样本和推断总体的具体方法上有所差别。注册会计师在细节测试中使用的统计抽样方法主要包括传统变量抽样和概率比例规模抽样法(以下简称"PPS 抽样")。两种统计抽样方法的区别主要体现在确定样本规模和推断总体两个方面。根据推断总体的方法不同,传统变量抽样又可以分为以下三种具体的方法:

(1) 均值估计抽样。其相关计算公式为:

$$样本平均值 = 样本实际金额 \div 样本规模$$

$$总体金额估计值 = 样本平均值 \times 总体规模$$

(2) 差额估计抽样。其相关计算公式为:

$$平均错报 = (样本实际金额 - 账面金额的差额) \div 样本规模$$

$$推断的总体错报 = 平均错报 \times 总体规模$$

(3) 比率估计抽样。其相关计算公式为:

$$比率 = 样本审定金额 \div 样本账面金额$$

$$估计的总体实际金额 = 总体账面金额 \times 比率$$

$$推断的总体错报 = 估计的总体实际金额 - 总体账面金额$$

PPS 抽样是一种运用属性抽样原理对货币金额而不是对发生率得出结论的统计抽样方法。PPS 抽样除了具备统计抽样的一般优点之外,还具有一些特殊之处。

优点:① PPS 抽样一般比传统变量抽样更易于使用;② PPS 抽样可以发现极少量的大额错报;③ PPS 抽样的样本规模无须考虑被审计金额的预计变异性;④ PPS 抽样中项目被选取的概率与其货币金额大小成比例,因而生成的样本自动分层;⑤ 如果注册会计师预计错报不存在或很小,PPS 抽样的样本规模通常比传统变量抽样方法更小;⑥ PPS 抽样的样本更容易设计,且可在能够获得完整的总体之前开始选取样本。

缺点:① PPS 抽样要求总体每一实物单元的错报金额不能超出其账面金额;② 在 PPS 抽样中,被低估的实物单元被选取的概率更低。PPS 抽样不适用于测试低估;③ 对零余额或负余额的选取需要在设计时特别考虑;④ 当总体中错报数量增加时,PPS 抽样所需的样本规模也会增加,PPS 抽样的样本规模可能会大于传统变量抽样所需的规模;⑤ 当发现错报时,如果风险水平一定,PPS抽样在评价样本时可能高估抽样风险的影响,从而导致注册会计师更可能拒绝一个可接受的总体账面金额;⑥ 在PPS抽样中注册会计师通常需要逐个累计总体金额。

# 练 习 题

## 任务一 认知审计抽样及种类

### 一、单项选择题

1. 一般来说,在( ),注册会计师可以考虑使用审计抽样和其他选取测试项目的方法。
   A. 实施风险评估程序时　　　　　　B. 实施细节测试时
   C. 实施实质性分析程序时　　　　　D. 控制没有留下轨迹时

2. 下列关于审计抽样的说法中,不正确的是( )。
   A. 审计抽样是对某类交易或账户余额中低于百分之百的项目实施审计程序
   B. 在审计抽样中,所有抽样单元都有被选取的机会
   C. 审计抽样的目的是为了评价该账户余额或交易类型的某一特征
   D. 选取特定项目进行测试属于审计抽样

3. 乙注册会计师计划实施审计抽样,从而获取充分、适当的审计证据,下列说法中,正确的是( )。
   A. 乙注册会计师应当根据具体情况并运用职业判断,确定使用统计抽样或非统计抽样方法,以最有效率地获取审计证据
   B. 审计抽样适用于控制测试和实质性程序中的所有审计程序
   C. 统计抽样和非统计抽样方法的选用,影响运用于样本的审计程序的选择
   D. 乙注册会计师采用不适当的审计程序可能导致抽样风险

4. 关于审计抽样的表述中,不恰当的是( )。
   A. 了解内部控制通常不适合审计抽样
   B. 细节测试适合采用审计抽样
   C. 当与某一认定相关的控制运行留下轨迹时,可以采用审计抽样进行控制测试
   D. 实质性分析程序可以采用审计抽样

5. 下列各项中,属于误拒风险是( )。
   A. 根据抽样结果对实际存在重大错误的账户余额得出不存在重大错误的结论
   B. 根据抽样结果对实际不存在重大错误的账户余额得出存在重大错误的结论
   C. 根据抽样结果对内控制度的信赖程度低于其实际应信赖的程度
   D. 根据抽样结果对内控制度的信赖程度高于其实际应信赖的程度

6. 下列各项风险中,对审计工作的效率和效果都产生影响的是( )。
   A. 误拒风险　　　B. 信赖不足风险　　　C. 非抽样风险　　　D. 误受风险

7. 下列抽样风险中,属于注册会计师在细节测试时,最容易导致其发表不恰当审计意见的是( )。
   A. 信赖过度风险　　　B. 误拒风险　　　C. 信赖不足风险　　　D. 误受风险

8. 存货总金额为 500 万元，重要性水平为 10 万元，根据抽样结果推断的差错额为 6.5 万元，而账户的实际差错额为 12 万元，这时，注册会计师承受了（　　）。

  A. 误拒风险　　　　B. 信赖不足风险　　　C. 误受风险　　　　D. 信赖过度风险

9. 信赖过度风险和误受风险影响的是（　　）。

  A. 审计的效率　　　　　　　　　　B. 审计的效果
  C. 初步判断的重要性水平　　　　　D. 可接受的审计风险水平

10. 注册会计师由于专业判断的失误造成审计结论与被审计单位的客观事实不符，这种可能性属于（　　）。

  A. 非抽样风险　　　　　　　　　　B. 抽样风险
  C. 误拒风险　　　　　　　　　　　D. 信赖过度风险

11. 在总体较大的情况下，与确定样本规模无关的是（　　）。

  A. 预计总体误差　　　　　　　　　B. 总体变异性
  C. 总体规模　　　　　　　　　　　D. 可接受的抽样风险

12. 注册会计师将统计抽样运用于（　　）项目，属于变量抽样。

  A. 未经批准而赊销的金额　　　　　B. 赊销是否经过严格审批
  C. 赊销单上是否均有主管人员的签字　　D. 购货付款环节的职责分工是否合理

13. 注册会计师获取审计证据时可能使用三种目的的审计程序：风险评估程序、控制测试和实质性程序，下列属于注册会计师拟实施的审计程序中通常可以使用审计抽样的是（　　）。

  A. 当控制的运行未留下轨迹时的控制测试
  B. 实质性分析程序
  C. 风险评估程序
  D. 当控制的运行留下轨迹时的控制测试

14. 审计抽样并非在所有程序中都可以使用。下列对审计抽样的表述中，不正确的是（　　）。

  A. 风险评估程序通常不涉及审计抽样
  B. 如果注册会计师在了解控制的设计和确定控制是否得到执行的同时计划和实施控制测试，则可能涉及审计抽样，但此时审计抽样仅适用于控制测试
  C. 当控制的运行留下轨迹时，注册会计师可以考虑使用审计抽样实施控制测试，对于未留下运行轨迹的控制，注册会计师通常实施询问、观察等审计程序，以获取有关控制运行有效性的审计证据，此时不宜使用审计抽样
  D. 在实施实质性分析程序时，注册会计师可以使用审计抽样

15. 在关于销售业务的审计中，注册会计师在（　　）方面不可以运用抽样方法。

  A. 确认赊销是否均经过批准
  B. 确认销货发票是否均附有发运单副本
  C. 审查大额或异常的销售业务
  D. 确认销货发票副本上是否标明账户号码

16. 进行存货计价测试时，由于依据样本结果推断总体特征而导致注册会计师审计效率低下的抽样风险是（　　）。

  A. 误拒风险　　　　B. 信赖不足风险　　　C. 误受风险　　　　D. 信赖过度风险

17. 下列属于信赖不足风险的是（　　）。
   A. 根据抽样结果对实际存在重大错报的账户余额得出不存在重大错报的结论
   B. 根据抽样结果对实际不存在重大错报的账户余额得出存在重大错报的结论
   C. 根据抽样结果对内控制度的信赖程度高于其实际应信赖的程度
   D. 根据抽样结果对内控制度的信赖程度低于其实际应信赖的程度

## 二、多项选择题

1. 关于审计抽样特征，以下描述中，恰当的有（　　）。
   A. 对某类交易或账户余额中低于百分之百的项目实施审计程序
   B. 审计测试的目的是为了评价该账户余额或交易类型的某一特征
   C. 扩大样本规模可以降低非抽样风险
   D. 所有抽样单元包括PPS抽样中的抽样单元都有被选取的机会

2. 有关审计抽样的理解，下列表述中，不恰当的有（　　）。
   A. 审计抽样适用于财务报表审计的所有审计程序
   B. PPS抽样适合细节测试高估资产项目的测试
   C. 所有传统变量抽样均需要对总体进行分层
   D. 审计抽样适合对内部控制运行留下轨迹的控制进行测试

3. 下列对"误差"的描述中，恰当的有（　　）。
   A. 在控制测试中，误差是指控制偏差
   B. 在控制测试中，误差是内部控制的设计缺陷
   C. 在细节测试中，误差就是可容忍错报
   D. 在细节测试中，误差是指错报

4. 注册会计师在进行审计时，要记录所实施的审计程序，以形成审计工作底稿，下列属于注册会计师在实质性程序中使用审计抽样时，通常记录的内容有（　　）。
   A. 使用的审计抽样方法
   B. 描述抽样程序的实施，以及样本中发现的错报清单
   C. 对偏差构成条件的定义
   D. 测试目标和对与此目标相关的其他审计程序的描述

5. 在细节测试中使用非统计抽样方法时，注册会计师需要确定可接受的误受风险，为此考虑的因素有（　　）。
   A. 控制测试的结果
   B. 评估的重大错报风险水平
   C. 针对同一审计目标的其他实质性程序的检查风险，包括分析程序
   D. 注册会计师愿意接受的审计风险水平

6. 统计抽样与非统计抽样具有各自不同的用途。以下控制测试适宜采用统计抽样的有（　　）。
   A. 通过抽样查找内部控制偏差率下降的幅度
   B. 通过调整样本规模精确地控制抽样风险
   C. 分析被测试的内部控制偏差率是否与上年相同
   D. 分析被测试的内部控制偏差率比上年下降的原因

7. 当存在情形（　　　　）之一时，注册会计师应当考虑对全部项目进行测试。

　　A. 总体有少量的大额项目构成

　　B. 存在特别风险且其他方法未提供充分、适当的审计证据

　　C. 由于信息系统自动执行的计算或其他程序具有重复性，对全部项目进行检查符合成本效益原则

　　D. 总体有大量的大额项目构成

8. 根据对被审计单位的了解、重大错报风险评估结果以及所测试总体的特征等，注册会计师可以从总体中选取特定项目进行测试。选取的特定项目通常包括（　　　　）。

　　A. 大额或关键项目　　　　　　　　B. 超过某一金额的全部项目

　　C. 被用于获取某些信息的项目　　　D. 被用于测试控制活动的项目

9. 执行 E 公司 2021 年度财务报表审计业务时，注册会计师 L 决定按专业判断选取一部分应收账款进行细节测试，并对其余应收账款实施审计抽样。注册会计师对 E 公司应收账款确定的重要性水平为 50 万元。在以下业务中，应当选取的有（　　　　）。

　　A. 应收账款余额超过 100 万元的业务

　　B. 余额不大但账龄超过 3 年的业务

　　C. 临近 2021 年年末发生的赊销业务

　　D. 期中发生年末已收到款的业务

10. 审计抽样既可以用于控制测试，又可以用于实质性程序。具体而言，在以下项目中，适宜采用审计抽样的有（　　　　）。

　　A. 分析性程序　　　　　　　　　　B. 细节测试

　　C. 询问与观察　　　　　　　　　　D. 双重目的测试程序

11. 有关审计抽样的下列表述中，注册会计师不能认同的有（　　　　）。

　　A. 审计抽样适用于财务报表审计的所有审计程序

　　B. 统计抽样的产生并不意味着非统计抽样的消亡

　　C. 统计抽样能够减少审计过程中的专业判断

　　D. 对可信赖程度要求越高，需选取的样本量就应越大

12. 审计抽样应当具备的三个基本特征包括（　　　　）。

　　A. 对某类交易或账户余额中低于百分之百的项目实施审计程序

　　B. 所有抽样单元都有被选取的机会

　　C. 审计测试的目的是为了评价账户余额或交易类型的某一特征

　　D. 并不是所有抽样单元都有被选取的机会

13. 在审计过程中，可能导致非抽样风险的原因包括（　　　　）。

　　A. 注册会计师选择的总体不适合于测试目标

　　B. 注册会计师未能适当地定义误差（包括控制偏差或错报），导致注册会计师未能发现样本中存在的偏差或错报

　　C. 注册会计师选择了不适于实现特定目标的审计程序

　　D. 注册会计师未能适当地评价审计发现的情况

14. 在抽样风险的种类中，（　　　　）是最危险的风险，因为它们将导致注册会计师无法达到审计目的，无法达到预期的审计效果。

　　A. 信赖不足风险　　B. 信赖过度风险　　C. 误受风险　　D. 误拒风险

### 三、简答题

1. 在控制测试和细节测试中,影响样本规模的因素有哪些内容?
2. 试比较统计抽样和非统计抽样的优缺点及共同点。请将答案填写在表 6-2 中。

表 6-2　　　　　　　　　统计抽样和非统计抽样比较

| 比较内容 | 统 计 抽 样 | 非统计抽样 |
| --- | --- | --- |
| 优　点 |  |  |
| 缺　点 |  |  |
| 相 同 点 |  |  |

3. 试比较属性抽样与变量抽样的区别。请将答案直接填入表 6-3 中。

表 6-3　　　　　　　　　属性抽样与变量抽样的区别

| 项　　目 | 属 性 抽 样 | 变 量 抽 样 |
| --- | --- | --- |
| 抽样内涵 |  |  |
| 测试种类 |  |  |
| 测试目标 |  |  |
| 测试内容 |  |  |
| 测试评价 |  |  |
| 测试目的 |  |  |
| 测试方法 |  |  |
| 测试结论 |  |  |
| 适用范围 |  |  |

## 任务二　实施审计抽样

### 一、单项选择题

1. 在总体较大的情况下,下列各项中,与确定样本规模无关的是(　　)。
 A. 总体预计误差额　　　　　　　　B. 总体变异性
 C. 总体规模　　　　　　　　　　　D. 可接受风险水平
2. 乙注册会计师在设计审计样本时,应当确保所定义的总体具有的特征是(　　)。
 A. 充分性和适当性　　　　　　　　B. 适当性和完整性
 C. 相关性和完整性　　　　　　　　D. 适当性和可理解性
3. 乙注册会计师运用分层抽样方法的主要目的是为了(　　)。
 A. 减少样本的非抽样风险
 B. 无偏见地选取样本项目
 C. 仅用于控制测试,确定审计对象总体特征的正确发生率
 D. 降低每一层中项目的变异性,在抽样风险没有成比例增加的前提下减少样本规模

4. 如果注册会计师拟在审计抽样中对总体进行分层,其主要目的是( )。

A. 减少样本的非抽样风险

B. 有效计量抽样风险

C. 重点审计比较重大的项目,并减少样本量

D. 遵循随机原则选取样本

5. 注册会计师希望从 2 000 张编号为 0001—2000 的支票中抽取 20 张进行审计,随机确定的抽样起点为 1000,采用系统抽样法下,抽取到的第 4 个样本号为( )。

A. 1100    B. 1200    C. 1300    D. 1400

6. 在控制测试的统计抽样中,注册会计师对总体作出的结论可以接受的是( )。

A. 估计的总体偏差率上限低于可容忍偏差率

B. 样本偏差率大大低于可容忍偏差率

C. 计算的总体错报上限低于可容忍错报

D. 调整后的总体错报远远小于可容忍错报

7. 如果抽样结果有 95% 的可信赖程度,则( )。

A. 抽样结果有 5% 的可容忍误差    B. 抽样结果有 5% 的抽样风险

C. 抽样结果有 5% 的可容忍偏差率    D. 抽样结果有 5% 的预计总体偏差率

## 二、多项选择题

1. 选取样本的基本方法有( )。

A. 随机选样    B. 固定选样    C. 等距选样    D. 随意选样

2. 在细节测试中,下列项目与样本量呈反向变动关系的有( )。

A. 可接受的误受风险    B. 可容忍错报

C. 预计总体偏差率    D. 总体变异性

3. 下列各项中,与注册会计师设计样本时所确定的样本量存在反向变动关系的有( )。

A. 可接受的抽样风险    B. 可信赖程度

C. 可容忍误差    D. 预期总体误差

4. 下面有关样本规模说法中,正确的有( )。

A. 在控制测试中,注册会计师确定的总体项目的变异性越低,样本规模就越小

B. 对于小规模总体,总体规模越大则需选取的样本越多

C. 注册会计师愿意接受的抽样风险越低,样本规模就越大

D. 预计总体误差越大,则样本规模越大

5. 使用随机数表选取样本时,需要确定选号的有( )。

A. 范围,即所选号码是否落入抽样单位的编号范围之内

B. 路线,即按照何种方向作为选取样本的顺序

C. 位数,即选用随机数表中每个数的哪几位与抽样单位相对应

D. 起点,即以随机数表中的哪个数作为所选样本的首个号码

6. F 公司在采购业务发生由独立于采购部门的验收部门对所采购的商品进行验收,并填制预先连续编号的验收单,然后将所购商品交给仓库或其他请购部门。在此基础上,根据验收单及购货发票等填制付款凭单,进而按购货合同约定的时间向供应商付款。假定 F 公

司的验收及入库制度有效执行,为了证实 F 公司 2021 年度是否存在未入账的应付账款,注册会计师为确定测试总体所做出的下列决策中,可能不完整的有(　　　)。

　　A. 将 2021 年度的验收单作为与总体对应的实物
　　B. 将 2021 年度发出的订购单作为与总体对应的实物
　　C. 将 2021 年度的入库单作为与总体对应的实物
　　D. 将 2022 年年初的付款凭单作为与总体对应的实物

7. 注册会计师必须事先准确定义构成误差的条件,下列对误差的描述中,正确的有(　　　)。

　　A. 在控制测试中,误差是指控制偏差
　　B. 在控制测试中,误差是指内部控制的缺陷
　　C. 在细节测试中,误差就是可容忍错报
　　D. 在细节测试中,误差是指错报

8. 注册会计师在定义抽样单元时,下列表述中,恰当的有(　　　)。

　　A. 在控制测试中,抽样单元通常指控制活动流程
　　B. 在细节测试中,抽样单元可能是一个账户余额、一笔交易或交易中的一项记录
　　C. 在细节测试中,抽样单元甚至为每个货币单元
　　D. 在细节测试中,抽样单元就是指认定层次的错报金额单位

9. 在对 D 公司 2021 年度财务报表实施审计的过程中,注册会计师决定对若干认定与目标采用审计抽样的方法,为此需要根据测试目标定义测试对象总体。在注册会计师根据测试目的所确定的测试对象总体中,满足适当性的有(　　　)。

　　A. 将 2021 年年末应付账款明细账中记载的全部业务作为测试对象总体,测试 D 公司是否存在未入账的应付账款
　　B. 将 2021 年年末应收账款明细账中记载的全部业务作为测试对象总体,证实 D 公司应收账款的存在认定
　　C. 以 2021 年度应收账款贷方记录中记载的全部收款业务作为测试对象,实现营业收入的准确性目标
　　D. 以 2021 年度全部材料验收单反映的材料采购业务为测试对象总体,证实存货项目中包含的原材料的存在目标

10. 在细节测试中,抽样单元可能有(　　　)。

　　A. 一个账户余额　　　　　　B. 一笔交易
　　C. 交易中的一项记录　　　　D. 每个货币单元

11. 在对被审计单位的财务报表进行审计时,下列对分层的说法中,正确的有(　　　)。

　　A. 为了函证应收账款,注册会计师可以将应收账款账户按其金额进行分层
　　B. 在测试应收账款估价时,余额可以根据账龄分层
　　C. 分层后的每层构成一个子总体且可以单独检查
　　D. 对某一层中的样本项目实施审计程序的结果,只能用于推断构成该层的项目

12. 注册会计师在细节测试中使用非统计抽样方法时,在样本设计阶段必须完成的工作有(　　　)。

　　A. 明确测试目标　　　　　　B. 定义抽样单元
　　C. 界定错报　　　　　　　　D. 定义总体

## 三、案例题

1. 甲和乙注册会计师负责对A公司2021年度财务报表进行审计,审计A公司2021年度营业收入时,为了确定A公司销售业务是否真实、完整,会计处理是否正确,甲和乙注册会计师拟从A公司2021年开具的销售发票的存根中选取若干张,核对销售合同和发运单,并检查会计处理是否符合规定。A公司2021年共开具连续编号的销售发票4 000张,销售发票号码为第2001号至第6000号,甲和乙注册会计师计划从随机数表6-4中选取10张销售发票样本。

表6-4 随 机 数 表

| 行 号 | 列 号 ||||| 
|---|---|---|---|---|---|
| | (1) | (2) | (3) | (4) | (5) |
| (1) | 10480 | 15011 | 01536 | 02011 | 81647 |
| (2) | 22368 | 46573 | 25595 | 85313 | 30995 |
| (3) | 24130 | 48360 | 22527 | 97265 | 76393 |
| (4) | 42167 | 93093 | 06243 | 61680 | 07856 |
| (5) | 37570 | 39975 | 81837 | 16656 | 06121 |
| (6) | 77921 | 06907 | 11008 | 42751 | 27756 |
| (7) | 99562 | 72905 | 56420 | 69994 | 98872 |
| (8) | 96301 | 91977 | 05463 | 07972 | 18876 |
| (9) | 89759 | 14342 | 63661 | 10281 | 17453 |
| (10) | 85475 | 36857 | 53342 | 53988 | 53060 |

要求:

(1) 假定甲和乙注册会计师以随机数表所列数字的后4位数与销售发票号码一一对应,确定第(2)列第(4)行为起点,选号路线为自上而下、自左而右。请代甲和乙注册会计师确定选取的10张销售发票样本的发票号码。

(2) 如果上述10笔销售业务的账面价值为1 000 000元,审计后认定的价值为1 002 700元,假定A公司2021年度营业收入账面价值为150 000 000元,并假定误差与账面价值不成比例关系,请运用差额估计抽样法推断A公司2021年度营业收入的总体实际价值(要求列示计算过程)。

2. 注册会计师在对家园服饰股份有限公司2021年3月的工资单进行审查时,决定从300名职工中抽取10名职工的工资单进行审查,并使用等距抽样方法进行选样。

要求:假设注册会计师使用的随机起点为编号026,则抽样间隔是多少?应抽取的工资单编号分别为多少?

3. 对某企业1 000张购货发票进行抽样审计,若要求其平均金额的估计误差不超过10 000元,可靠程度为95%,预计总体标准差为40元。

要求:根据资料计算应抽取多少张购货发票进行审计?

4. 某公司应收账款的编号为0001至5000,注册会计师拟利用随机数表如表6-5所示,需要选择其中的175份进行函证。

表 6-5　　　　　　　　　　　随 机 数 表

| 行　号 | 列　号 | | | | |
|---|---|---|---|---|---|
| | (1) | (2) | (3) | (4) | (5) |
| (1) | 10480 | 15011 | 01536 | 02011 | 81647 |
| (2) | 22368 | 46573 | 25595 | 85313 | 30995 |
| (3) | 24130 | 48360 | 22527 | 97265 | 76393 |
| (4) | 42167 | 93093 | 06243 | 61680 | 07856 |
| (5) | 37570 | 39975 | 81837 | 16656 | 06121 |
| (6) | 77921 | 6907 | 11008 | 42751 | 27756 |
| (7) | 99562 | 72905 | 56420 | 6994 | 98872 |
| (8) | 96301 | 91977 | 05463 | 07972 | 18876 |
| (9) | 89579 | 14342 | 63661 | 10281 | 17453 |
| (10) | 85475 | 36857 | 53342 | 53988 | 53060 |
| (11) | 28018 | 69578 | 88231 | 33276 | 70997 |
| (12) | 63553 | 40961 | 48235 | 03427 | 49626 |
| (13) | 09429 | 93069 | 52636 | 92737 | 88974 |
| (14) | 10365 | 61129 | 87529 | 85689 | 48237 |
| (15) | 07119 | 97336 | 71048 | 08178 | 77233 |

**要求：**

(1) 以第 2 行、第 1 列数字为起点，自左往右，以各数字的后四位数为准，注册会计师选择的最初 5 个样本的编号分别是多少？

(2) 以第 4 行、第 2 列数字为起点，自上往下，以各数字的前四位数为准，注册会计师选择的最初 5 个样本的编号分别是多少？

## 任务三　在审计测试中应用审计抽样

### 一、单项选择题

1. 在细节测试中，注册会计师评估的控制有效性越高，评估的重大错报风险水平越（　　），对指向同一审计目标的其他实质性程序的依赖程度越（　　），拟实施的实质性细节测试的可接受误受风险就越（　　），因此，该细节测试所需的样本规模就越（　　）。

　　A. 低；低；高；大　　B. 低；高；低；小　　C. 低；高；高；小　　D. 高；低；高；小

2. 在控制测试中，样本规模的确定受可接受的信赖过度风险影响，注册会计师愿意接受的信赖过度风险越低，样本规模通常越（　　）；注册会计师愿意接受的信赖过度风险越高，样本规模通常越（　　）。

　　A. 小；大　　B. 小；小　　C. 大；小　　D. 大；大

3. 乙注册会计师拟采用 PPS 抽样方法，下列有关该方法的表述中，正确的是（　　）。

　　A. 每个账户被选中的机会相同

B. 余额为零的账户没有被选中的机会

C. 与低估的账户相比,高估的账户被抽取的可能性更小

D. 在确定样本规模时,需要考虑被审计金额的预计变异性

4. 乙注册会计师对总体的预计误差率或误差额的评估,有助于设计审计样本和确定样本规模,下列说法中,不正确的是(    )。

A. 在实施控制测试时,通常根据从总体中抽取少量项目进行检查的结果,对拟测试总体的预计误差率进行评估

B. 在实施细节测试时,注册会计师通常对总体的预计误差率进行评估

C. 在设计审计样本时,注册会计师应当考虑审计程序的目标和抽样总体的属性

D. 根据所获取的审计证据的性质以及与该审计证据相关的可能的误差情况,界定误差构成条件

5. 在控制测试中,可接受的信赖过度风险与样本数量之间的关系是(    )。

A. 同向变动    B. 反向变动    C. 比例变动关系    D. 不变

6. 注册会计师在控制测试中确定样本规模时,没有必要考虑的因素是(    )。

A. 可接受的信赖过度风险    B. 预计总体偏差率
C. 总体变异性    D. 可容忍偏差率

7. 注册会计师在控制测试中使用统计抽样,如果样本结果不支持其对控制运行有效性的评估结果,则注册会计师拟采取的措施是(    )。

A. 扩大实质性程序范围    B. 调低重大错报风险评估水平
C. 改变实质性程序的时间    D. 改变实质性程序的性质

8. 在未对总体进行分层的情况下,注册会计师不宜使用的抽样方法是(    )。

A. 均值估计抽样    B. 比率估计抽样
C. 差额估计抽样    D. 概率比例规模抽样

9. D注册会计师从总体规模为1 000个、账面价值为300 000元的存货项目中选取200个项目(账面价值50 000元)进行检查,确定其审定金额为50 500元。如果采用比率估计抽样,D注册会计师推断的存货总体错报为(    )元。

A. 500    B. 2 500    C. 3 000    D. 47 500

10. 下列有关概率比例规模抽样的表述中,正确的是(    )。

A. 抽样分布应当近似于正态分布

B. 与低估的账户相比,高估的账户被抽取的可能性更小

C. 每个账户被选中的机会相同

D. 余额为零的账户没有被选中的机会

11. 在PPS抽样中,预计没有错报时,如果注册会计师确定的可容忍错报为10 000元,误受风险是7%,计算的选样间距是3 000元。如果总体账面金额为1 800 000元,抽样规模则是(    )个。

A. 10 000    B. 700    C. 600    D. 3 000

12. 注册会计师在细节测试中运用统计抽样时,下列有关评价样本结果的说法中,正确的是(    )。

A. 如果计算的总体错报上限低于但接近可容忍错报,则总体不能接受

B. 如果计算的总体错报上限等于可容忍错报,则总体可以接受

C. 如果计算的总体错报上限等于或者大于可容忍错报,则总体不能接受,注册会计师对总体得出的结论是所测试的交易或账户余额存在重大错报

D. 如果计算的总体错报上限远远小于可容忍错报,则总体不可以接受

13. 在审计抽样中,注册会计师选取的样本包含了存货账面金额的20%,同时在样本中发现了300元的错报,则注册会计师运用比率法得出的总体错报最佳估计值是(　　)元。

A. 320　　　　　　B. 1 500　　　　　　C. 280　　　　　　D. 15 000

14. 关于PPS抽样的说法中,不正确的是(　　)。

A. PPS抽样一般比传统变量抽样更易于使用

B. PPS抽样的样本规模需考虑被审计金额的预计变异性

C. 对零余额或负余额的选取需要在设计时特别考虑

D. PPS抽样的样本更容易设计,且可在能够获得完整的总体之前开始选取样本

15. 注册会计师从总体规模为1 000、账面金额为1 000 000元的存货项目中选择了200个项目作为样本。在确定了正确的采购价格并重新计算了价格与数量的乘积之后,注册会计师将200个样本项目的审定金额加总后除以200,确定样本项目的平均审定金额为980元。那么,运用均值估计抽样推断的总体错报就是(　　)元。

A. 980　　　　　　B. 980 000　　　　　C. 40 000　　　　　D. 20 000

## 二、多项选择题

1. 在细节测试中,注册会计师确定样本规模与(　　)同向变动。

A. 预计总体错报　　　　　　　　　　B. 可容忍错报

C. 总体变异性　　　　　　　　　　　D. 可接受的误受风险

2. 下列针对PPS抽样的陈述中,恰当的有(　　)。

A. 由于PPS抽样每一个样本都是一个货币单元,不需考虑总体的变异性

B. PPS抽样在评价样本时可能高估抽样风险

C. PPS抽样不适用于测试高估资产的项目

D. PPS抽样能够自动识别所有单个重大项目

3. PPS抽样的优点体现在(　　)。

A. PPS抽样可以发现极少量的大额错报

B. 在PPS抽样中注册会计师通常需要逐个累计总体金额

C. PPS抽样的样本更容易设计,且可在能够获得完整的总体之前开始选取样本

D. 对零余额或负余额的选取需要在设计时特别考虑

4. 下列有关PPS抽样的说法中,不恰当的有(　　)。

A. 运用PPS抽样时,在未获得完整的总体之前,不能开始选取样本

B. 运用PPS抽样时,在未获得完整的总体之前,可以开始选取样本

C. 在PPS抽样下,总体中的每个项目被选中的概率是均等的

D. 在PPS抽样下,注册会计师无须对总体进行分层

5. 如果注册会计师决定在对应收账款实施实质性程序时使用统计抽样方法,而且预计将会发现少量的差异,则会考虑使用的统计抽样方法有(　　)。

A. 比率估计抽样　　　　　　　　　　B. 均值估计抽样

C. 差额估计抽样　　　　　　　　　　D. 概率比例规模抽样法

6. 下列描述中,不正确的有(　　)。

A. 由于统计抽样有着充分的数学依据和健全的内部控制前提,因此,采用非统计抽样所收集的审计证据不如采用统计抽样所收集的审计证据更为充分、适当

B. 审计抽样不仅可用于细节测试、分析程序等实质性程序,还可用于控制测试

C. PPS抽样的样本规模无须考虑被审计金额的预计变异性,但是不可以在能够获得完整的总体之前开始选取样本

D. 在控制测试中,注册会计师对偏差的性质和原因进行定性分析时,采用统计抽样比采用非统计抽样更为有效

7. 注册会计师在进行审计时,要记录所实施的审计程序,以形成审计工作底稿,下列属于注册会计师在实质性程序中使用审计抽样时,通常记录的内容有(　　)。

A. 使用的审计抽样方法

B. 描述抽样程序的实施,以及样本中发现的错报清单

C. 对偏差构成条件的定义

D. 测试目标和对与此目标相关的其他审计程序的描述

8. PPS抽样方法的优点包括(　　)。

A. PPS抽样的样本规模无须考虑被审计金额的预计变异性

B. PPS抽样一般比传统变量抽样更易于使用

C. 如果注册会计师预计存在错报,PPS抽样的样本规模通常比传统变量抽样方法更小

D. PPS抽样中项目被选取的概率与其货币金额大小成比例,因此生成的样本自动分层

9. 下列说法中,正确的有(　　)。

A. 审计抽样是指注册会计师对某类交易或账户余额中低于百分之百的项目实施审计程序,使所有抽样单元都有被选取的机会

B. 如果对总体进行了分层,注册会计师通常使用均值估计抽样;比率估计抽样和差额估计抽样都要求样本项目存在错报

C. 在控制测试中会出现的是信赖不足风险和误拒风险,即影响的是审计效率;在细节测试中通常出现的是信赖过度风险和误受风险,影响审计效果

D. 系统选样也称等距选样,是指首先计算选样间隔,确定选样起点,然后再根据间隔、顺序选取样本的一种选样方法。系统选样方法使用方便,并可用于无限总体,但使用系统选样方法要求总体必须是随机排列的,否则容易发生较大的偏差

10. 大华公司的账面记录显示,该公司在2021年度共发生了4 680笔A产品销售业务,确认的销售收入为14 040万元,注册会计师王华在审核该公司销售业务时,从销售业务总体中抽取了300笔构成样本进行审查。这300笔业务的账面记录金额为960万元,王华审定的金额为810万元,则以下结论中,正确的有(　　)。

A. 采用差额估计抽样方法时,推断的总体金额为11 700万元

B. 基于谨慎性的考虑,注册会计师推断的总体误差为2 340万元

C. 采用均值估计抽样方法时,推断的总体金额为12 636万元

D. 采用比率估计抽样方法时,推断的总体金额为11 846.25万元

## 三、案例题

1. 审计人员在审计某公司的产成品账户时,发现该公司今年共生产了2 000批产品,入

账成本为 5 900 000 元。审计人员选取了 200 批样本,账面价值共计 600 000 元。经与有关凭证及附件核对,发现 200 批中共有 52 批成本错误。经将错误调整后,样本的确定价值为 582 000 元。

**要求**:分别运用均值估计法、比率估计法、差额估计法估算产品的总成本。

2. E 注册会计师负责对戊公司 2021 年度财务报表进行审计。在针对应收账款实施函证程序时,E 注册会计师采用了 PPS 抽样。相关事项如下:

(1) E 注册会计师对应收账款各个明细账户进行了初步分析,将预期存在错报的明细账户选出,单独进行函证,并将其余的明细账户作为抽样总体。E 注册会计师认为在预期不存在错报的情况下,PPS 抽样效率更高。

(2) E 注册会计师认为不需要计算抽样总体的标准差,因为 PPS 抽样运用的是属性抽样原理。

(3) 假设样本规模为 200 个,E 注册会计师采用系统选样方法,选出 200 个抽样单元,对应的明细账户共 190 户。在推断抽样总体中存在的错报时,E 注册会计师将样本规模相应调整为 190 个。

(4) 在对选取的所有明细账户进行函证后,E 注册会计师没有发现错报,因此认定应收账款不存在重大错报。

**要求**:

(1) 针对事项(1)至(4),逐项指出 E 注册会计师的做法是否正确。如不正确,简要说明理由。

(2) 指出 PPS 抽样对实现测试应收账款完整性认定这一目标是否适用,并简要说明理由。

# 项 目 实 训

## 实 训 一

**1. 资料**:Y 公司系公开发行 A 股的上市公司,2022 年 3 月 20 日,北京 ABC 会计师事务所的 A 和 B 注册会计师负责完成了对 Y 公司 2021 年度会计报表的外勤审计工作。假定 Y 公司 2021 年度财务报告于 2022 年 3 月 27 日经董事会批准和管理当局签署,于同日报送证券交易所。2022 年 4 月 30 日,Y 公司召开 2021 年度股东大会,审议通过了 2021 年度财务报告。Y 公司采用应付税款法核算所得税,所得税税率为 25%,每年分别按净利润的 10% 和 5% 提取法定盈余公积和法定公益金。其他相关资料如下:

在应付票据项目的审计中,为了确定应付票据余额所对应的业务是否真实,会计处理是否正确,A 和 B 注册会计师拟从 Y 公司应付票据备查簿中抽取若干笔应付票据业务,检查相关的合同、发票、货物验收单等资料,并检查会计处理的正确性。Y 公司应付票据备查簿显示,应付票据项目 2021 年 12 月 31 日的余额为 15 000 000 元,由 72 笔应付票据业务构成。根据具体审计计划的要求,A 和 B 注册会计师需从中选取 6 笔应付票据业务进行检查。

**2. 要求**:假定应付票据备查簿中记载的 72 笔应付票据业务是随机排列的,A 和 B 注册会计师采用系统选样法选取 6 笔应付票据业务样本,并且确定随机起点为第 7 笔,请判断其余 5 笔应付票据业务分别是哪几笔(要求列示计算过程)?如果上述 6 笔应付票据业务的账面价值为 1 400 000 元,审计后认定的价值为 1 680 000 元,Y 公司 2021 年 12 月 31 日应付票据账面总值为 15 000 000 元,并假定误差与账面价值成比例关系,请运用比率估计抽样法推断 Y 公司 2021 年 12 月 31 日应付票据的总体实际价值(要求列示计算过程)。

## 实 训 二

**1. 资料**：ABC 会计师事务所的注册会计师 A 和 B 正在对 Y 公司 2021 年度财务报表实施外勤审计工作。在对 Y 公司原材料项目实施计价测试前,A 和 B 注册会计师对生产与存货循环交易的重大错报风险进行了评估,并对相关内部控制实施了控制测试,结果表明该循环的重大错报风险处于较低水平,相关的内部控制设计合理且运行有效,因此,决定采用抽样测试,以减少实质性程序。

甲材料是 Y 公司生产必需的重要原材料,A 和 B 注册会计师决定在实施监盘程序的基础上对某月发生的 15 次甲材料发出业务进行计价测试。由于单位价值较高,特别是由于计价过程复杂,为节省审计时间,A 和 B 注册会计师决定采用随机数表与 PPS 抽样相结合的方法从 15 次材料发出业务选取 5 笔进行测试。这 15 次甲材料发出业务的账面金额如表 6-6 所示。

表 6-6　　　　　　　　甲材料发出业务的账面金额

| 总体项目<br>(按领料时间顺序编号) | 每次发出甲材料的账面金额(万元) |
| --- | --- |
| 1 | 83 |
| 2 | 481 |
| 3 | 458 |
| 4 | 573 |
| 5 | 969 |
| 6 | 743 |
| 7 | 425 |
| 8 | 2 278 |
| 9 | 542 |
| 10 | 826 |
| 11 | 305 |
| 12 | 274 |
| 13 | 761 |
| 14 | 230 |
| 15 | 692 |

**2. 要求**：

(1) 简述 A 和 B 注册会计师采用 PPS 抽样从总体中选取样本的基本步骤。如果这些步骤中要求对上述资料进行加工整理,请代为进行。

(2) 为选取所需的 5 个样本,A 和 B 注册会计师决定借助随机数表法产生 5 个随机数。

为此,A 注册会计师确定的随机起点为表 6-7 中的第 1 行第 5 列,并决定选取每个 5 位数的后四位。随机数表(部分)如表 6-7 所示。

表 6-7　　　　　　　　　　随机数表(部分)

| 1 | 68310 | 96718 | 71635 | 86089 | 96129 | 59942 | 27705 | 79554 | 50209 | 19940 |
| --- | --- | --- | --- | --- | --- | --- | --- | --- | --- | --- |
| 2 | 79856 | 56459 | 17835 | 01414 | 01413 | 37231 | 05509 | 37489 | 22165 | 52983 |

与上述资料进行对应,选号路线为第 1 行、第 2 行……每行从左至右。请结合上述资料,代 A 注册会计师选取所需的 5 个有效随机数。

(3) 请利用以上选取的随机数,代 A 注册会计师选取样本,并简要说明理由。

## 实 训 三

1. 资料:

(1) 本期发生 60 笔应收账款,总金额为 360 万元,现从中抽取 3 笔,金额为 39.6 万元,询证函回函如背景材料所示,请运用比率法推断总体错报。

企业询证函(存根联):贵公司欠 240 000 元,欠贵公司货款为 200 000 元。

企业询证函(存根联):贵公司欠 120 000 元,欠贵公司货款为 100 000 元。

企业询证函(存根联):贵公司欠 36 000 元,欠贵公司货款为 30 000 元。

(2) 应收账款发生 60 笔,账面金额总共 1 000 万元,先抽取其中的 6 笔,账面金额为 3 269 023 元,6 笔询证函均回函,回函结果如背景材料所示,采用差额法推断总体错报金额。

背景材料:

① 企业询证函(存根联):贵公司欠 450 000 元,欠贵公司货款为 400 000 元。

② 企业询证函(存根联):贵公司欠 345 623 元,欠贵公司货款为 320 000 元。

③ 企业询证函(存根联):贵公司欠 567 800 元,欠贵公司货款为 500 000 元。

④ 企业询证函(存根联):贵公司欠 560 000 元,欠贵公司货款为 400 000 元。

⑤ 企业询证函(存根联):贵公司欠 785 600 元,欠贵公司货款为 45 000 元。

⑥ 企业询证函(存根联):贵公司欠 560 000 元,欠贵公司货款为 450 000 元。

(3) 本期发生 20 笔,账面金额为 300 万元,先抽样出三笔,账面金额为 1 151 186 元,函证结果如背景单据所示,则运用均值法推断总体误差(结果保留两位小数)。

背景材料:企业询证函(存根联):贵公司欠 459 896,欠贵公司货款为 40 000 元。

企业询证函(存根联):贵公司欠 345 690,欠贵公司货款为 30 045 元。

企业询证函(存根联):贵公司欠 345 600,欠贵公司货款为 340 000 元。

2. 要求:根据上述资料,分别采用比率法、差额法和均值法推断总体误差。

# 项目七　执行业务审计

## 学习指导

### 任务一　销售与收款循环审计

在审计实务中,各类交易循环的审计都必须实施实质性程序。前已述及,实质性程序主要包括实质性分析程序和细节测试两个方面;通常,注册会计师实施细节测试前实施实质性分析程序,符合成本效益原则。销售与收款循环审计的具体运用包括以下内容。

#### 一、销售与收款交易的实质性分析程序

销售与收款交易常用的实质性分析程序主要有以下内容:
(1) 识别需要运用实质性分析程序的账户余额或交易。
(2) 确定期望值。
(3) 确定可接受的差异额。
(4) 识别需要进一步调查的差异并调查异常数据关系。
(5) 调查重大差异并作出判断。
(6) 评价分析程序的结果。

#### 二、销售与收款交易的细节测试

销售和收款交易常用的细节测试程序主要有以下内容:
(1) 登记入账的销售交易是真实的。
(2) 已发生的销售交易均已登记入账。
(3) 登记入账的销售交易均经正确计价。
(4) 登记入账的销售交易分类恰当。
(5) 销售交易的记录及时。
(6) 销售交易已正确地记入明细账并正确地汇总。

销售与收款交易中发生的主要业务记入的典型账户是"营业收入"和"应收账款",下面就重点分析这两个账户的实质性程序。

### 三、营业收入的实质性分析程序

营业收入的实质性分析程序主要有以下内容：

(1) 获取或编制主营业务收入明细表。

(2) 实质性分析程序（必要时）。

(3) 检查主营业务收入的确认条件、方法是否符合企业会计准则，前后期是否一致。

(4) 获取产品价格目录，抽查售价是否符合价格政策，并注意销售给关联方或关系密切的重要客户的产品价格是否合理，有无以低价或高价结算的情况，相互之间有无转移利润的现象。

(5) 抽取发货单，审查出库日期、品名、数量等是否与发票、销售合同、记账凭证等一致。

(6) 抽取记账凭证，审查入账日期、品名、数量、单价、金额等是否与发票、发货单、销售合同等一致。

(7) 结合应收账款的审计，选择主要客户函证本期销售额。

(8) 对于出口销售，应当将销售记录与出口报关单、货运提单、销售发票等出口销售单据进行核对，必要时向海关函证。

(9) 销售的截止测试。

(10) 存在销货退回的，检查手续是否符合规定，结合原始销售凭证检查其会计处理是否正确。结合存货项目审计关注其真实性。

(11) 销售折扣与折让。

(12) 检查有无特殊的销售行为，选择恰当的审计程序进行审核。

### 四、应收账款的实质性分析程序

应收账款的实质性分析程序一般包括以下内容：

(1) 获取或编制应收账款明细表。

(2) 检查涉及应收账款的相关财务指标。

(3) 获取或编制应收账款账龄分析表。

(4) 对应收账款进行函证。

(5) 对应收账款余额实施函证以外的细节测试。

(6) 检查坏账的冲销和转回。

(7) 确定应收账款的列报是否恰当。

① 取得坏账准备明细表，复核加计是否正确，与坏账准备总账数、明细账合计数核对是否相符。

② 将应收账款坏账准备本期计提数与信用减值损失相应明细账目的明细项目的发生核对是否相符。

③ 检查应收账款坏账准备计提和核销的批准程序，取得书面报告等证明文件，结合应收账款函证回函结果，评价计提坏账准备所依据的资料、假设及方法。

④ 实际发生坏账损失的，检查转销依据是否符合有关规定，会计处理是否正确。

⑤ 已经确认并转销的坏账重新收回的，检查其会计处理是否正确。

⑥ 确定应收账款坏账准备的披露是否恰当。

## 任务二　采购与付款循环审计

### 一、采购与付款交易的实质性分析程序

采购与付款交易常用的实质性分析程序主要有以下内容：

（1）根据对被审计单位的经营活动、供应商的发展历程、贸易条件和行业惯例的了解，确定应付账款和费用支出的期望值。

（2）根据本期应付账款余额组成与以前期间交易水平和预算的比较，定义采购和应付账款可接受的重大差异额。

（3）识别需要进一步调查的差异并调查异常数据关系，如与周期趋势不符的费用支出。

（4）通过询问管理层和员工，调查重大差异额是否表明存在重大错报风险，是否需要设计恰当的细节测试程序以识别和应对重大错报风险。

（5）形成结论，即实质性分析程序是否能够提供充分、适当的审计证据，或需要对交易和余额实施细节测试以获取进一步的审计证据。

### 二、采购与付款交易的细节测试

常用的采购与付款交易及相关余额的细节测试包括以下内容：

（1）交易的细节测试。注册会计师应从被审计单位业务流程层面的主要交易流中选取样本，检查其支持性证据，对主要交易流实施截止测试。

（2）余额的细节测试。复核供应商的付款通知，与供应商对账，获取发票遗漏、未计入正确的会计期间的证据；询问并检查对收费存在争议的往来信函，确定在资产负债表日是否应增加一项应计负债；在特殊情况下，注册会计师需要决定是否应通过供应商来证实被审计单位期末的应付余额；这种情况通常在被审计单位对采购与付款交易的控制出现严重缺失，记录被毁损时才会发生，或者在怀疑存在舞弊或会计记录在火灾或水灾中遗失时才会发生。

### 三、固定资产的实质性分析程序

常用的固定资产的实质性分析程序一般包括以下内容：

（1）获取或编制固定资产明细表。
（2）实质性分析程序。
（3）实地检查重要固定资产。
（4）检查固定资产的所有权或控制权。
（5）检查本期固定资产的增加。
（6）检查本期固定资产的减少。
（7）检查固定资产的后续支出。
（8）检查固定资产的租赁。
（9）获取暂时闲置固定资产的相关证明文件，并观察其实际状况，检查是否已按规定计提折旧，相关的会计处理是否正确。
（10）获取已提足折旧仍继续使用固定资产的相关证明文件，并作相应记录。
（11）获取持有待售固定资产的相关证明文件，并作相应记录，检查对其预计净残值调整是否正确、会计处理是否正确。

(12) 检查固定资产保险情况,复核保险范围是否足够。

(13) 检查有无与关联方的固定资产购售活动,是否经适当授权,交易价格是否公允。对于合并范围内的购售活动,记录应予合并抵销的金额。

(14) 对应计入固定资产价值的借款费用,应根据企业会计准则的规定,结合长短期借款、应付债券或长期应付款的审计,检查借款费用资本化的计算方法和资本化金额,以及会计处理是否正确。

(15) 检查购置固定资产时是否存在与资本性支出有关的财务承诺。

(16) 检查固定资产的抵押、担保情况。结合对银行借款等的检查,了解固定资产是否存在重大的抵押、担保情况。

(17) 检查累计折旧。

(18) 检查固定资产的减值准备。

(19) 根据评估的舞弊风险等因素增加的审计程序。

(20) 检查固定资产是否已按照企业会计准则的规定在财务报表中作出恰当列报。

## 四、应付账款的实质性分析程序

应付账款的实质性分析程序一般包括以下内容:

(1) 获取或编制应付账款明细表。

(2) 函证应付账款。

① 向债权人发送询证函。

② 将询证函回函确认的余额与已记录金额相比较,如存在差异,检查支持性文件。

③ 对于未做回复的函证实施替代程序:如检查至付款文件、相关的采购文件或其他适当文件。

④ 如果认为回函不可靠,评价对评估的重大错报风险以及其他审计程序的性质、时间安排和范围的影响。

(3) 检查应付账款是否计入了正确的会计期间,是否存在未入账的应付账款。

① 对本期发生的应付账款增减变动,检查至相关支持性文件,确认会计处理是否正确。

② 检查资产负债表日后应付账款明细账贷方发生额的相应凭证,关注其验收单、购货发票的日期,确认其入账时间是否合理。

③ 获取并检查被审计单位与其供应商之间的对账单以及被审计单位编制的差异调节表,确定应付账款金额的准确性。

④ 针对资产负债表日后付款项目,检查银行对账单及有关付款凭证(如银行划款通知、供应商收据等),询问被审计单位内部或外部的知情人员,查找有无未及时入账的应付账款。

⑤ 结合存货监盘程序,检查被审计单位在资产负债日前后的存货入库资料(验收报告或入库单),检查相关负债是否计入了正确的会计期间。

(4) 寻找未入账负债的测试。

① 检查支持性文件,如相关的发票、采购合同、收货文件以及接受劳务明细,以确定收到商品或接受劳务的日期及应在期末之前入账的日期。

② 追踪已选取项目至应付账款明细账、货到票未到的暂估入账或预提费用明细表,并关注费用所计入的会计期间。调查并跟进所有已识别的差异。

③ 评价费用是否被记录于正确的会计期间,并相应确定是否存在期末未入账负债。

（5）检查应付账款长期挂账的原因并作出记录，对确实无需支付的应付款的会计处理是否正确。

（6）如存在应付关联方的款项，应了解交易的商业理由；检查证实交易的支持性文件（例如，发票、合同、协议及入库和运输单据等相关文件）；检查被审计单位与关联方的对账记录或向关联方函证。

（7）检查应付账款是否已按照企业会计准则的规定在财务报表中作出恰当列报和披露。

## 任务三　货币资金审计

货币资金与各个交易循环均直接相关。货币资金是企业流动性最强的资产，按照存放地点及用途的不同，货币资金分为库存现金、银行存款和其他货币资金。企业发生的舞弊事件大都与现金有关，因此，在实务中，注册会计师应重视货币资金的审计。

### 一、库存现金的控制测试

（1）了解现金内部控制。
（2）抽取并检查收款凭证。
（3）抽取并检查付款凭证。
（4）抽取一定期间的库存现金日记账与总账核对。
（5）检查外币现金的折算方法是否符合有关规定，是否与上年度一致。
（6）评价库存现金的内部控制。

### 二、银行存款的控制测试

（1）了解银行存款的内部控制。
（2）抽取并检查银行存款收款凭证。
（3）抽取并检查银行存款付款凭证。
（4）抽取一定期间的银行存款日记账与总账核对。
（5）抽取一定期间银行存款余额调节表，查验其是否按月正确编制并经复核。
（6）检查外币银行存款的折算方法是否符合有关规定，是否与上年度一致。
（7）评价银行存款的内部控制。

### 三、库存现金的实质性程序

常用的库存现金的实质性程序一般包括以下内容：
（1）核对库存现金日记账与总账的金额是否相符，检查非记账本位币库存现金的折算汇率及折算金额是否正确。
（2）监盘库存现金。
（3）抽查大额库存现金收支。
（4）根据评估的舞弊风险等因素增加的其他审计程序。

### 四、银行存款的实质性程序

常用的银行存款的实质性程序一般包括以下内容：

(1) 获取或编制银行存款余额明细表。

(2) 计算银行存款累计余额应收利息收入，分析比较被审计单位银行存款应收利息收入与实际利息收入的差异是否恰当，评估利息收入的合理性，检查是否存在高息资金拆借，确认银行存款余额是否存在、利息收入是否已经完整记录。

(3) 检查银行存单。

(4) 取得并检查银行存款余额调节表。

(5) 函证银行存款余额，编制银行函证结果汇总表，检查银行回函。

(6) 检查银行存款账户存款人是否为被审计单位，若存款人非被审计单位，应获取该账户户主和被审计单位的书面声明，确认资产负债表日是否需要调整。

(7) 关注是否存在质押、冻结等对变现有限制或存在境外的款项。是否已做必要的调整和披露。

(8) 对不符合现金及现金等价物条件的银行存款在审计工作底稿中予以列明，以考虑对现金流量表的影响。

(9) 抽查大额银行存款收支的原始凭证，检查原始凭证是否齐全、记账凭证与原始凭证是否相符、账务处理是否正确、是否记录于恰当的会计期间等项内容。

(10) 检查银行存款收支的截止是否正确。

(11) 根据评估的舞弊风险等因素增加的其他审计程序。

# 练 习 题

## 任务一 销售与收款循环审计

### 一、单项选择题

1. 证实销售与收款循环中有关存在或发生认定的最有力证明是（　　）。
   A. 顾客订单　　　　B. 销售单　　　　C. 装运凭证　　　　D. 销售发票

2. 为了证实某月被审单位关于销售收入的存在或发生认定或完整性认定，下列程序中的（　　）是最有效的。
   A. 汇总当月销售收入明细账的金额，与当月开出销售发票的金额相比较
   B. 汇总当月销售收入明细账的笔数，与当月开出销售发票的张数相比较
   C. 汇总当月销售发票的金额，与当月所开发运凭证及商品价目表相核对
   D. 汇总当月销售发票上的销售商品数量，与当月开出的发运单上的数量相比较

3. 在审查上市公司的销货业务时，下列程序中的（　　）一般无须实施。
   A. 从主营业务明细账中抽取几笔分录，追查有无发运凭证及其他佐证凭证
   B. 从发货部门的档案中选取部分发运凭证，追查至有关的销售发票副本
   C. 将销售发票存根上所列的单价与经批准的商品价目表进行比较核对
   D. 将所选取的发运凭证的日期与主营业务收入明细账的日期进行比较

4. 为了证实被审计单位登记入账的销售是否均经正确的估价，下列程序中的（　　）是最无效的。
   A. 将销售发票上的数量与发运凭证上的数量相核对

B. 将销售发票上的单价与商品价目表上的价格核对
C. 将发运凭证上的数量与销售单上的数量相核对
D. 将销售单上金额与顾客订货单上的金额相核对

5. 在销售与收款循环的下列各项内部控制目标中，与(　　)目标相应的关键内部控制措施最多地涉及"授权"问题。

　　A. 登记入账的销货业务确系发货给真实的顾客
　　B. 所有的销货业务均已登记入账
　　C. 登记入账的销货数量确系发货的数量，并正确地开具收款账单和登记入账
　　D. 销货业务已正确地记入明细账并经正确汇总

6. 为了核对与客户发生的账款，被审计单位应当向债务人定期寄送(　　)。

　　A. 贷项通知单　　B. 客户订单　　C. 发货单　　D. 对账单

7. 检查开具发票或收款的日期、记账的日期、发货的日期(　　)是主营业务收入截止测试的关键所在。

　　A. 是否在同一会计期间　　　　B. 是否临近
　　C. 是否在同一天　　　　　　　D. 相距是否不超过30天

8. 为了确保销售收入截止的正确性，审计人员最希望被审计单位(　　)。

　　A. 建立严格的赊销审批制度　　B. 发运单连续编号并在发货当日签发
　　C. 经常与顾客对账核对　　　　D. 年初及年末停止销售业务

9. 被审计单位管理人员、附属公司所欠款项应与客户的欠款分开记录，是被审计单位确保其关于应收账款(　　)认定的重要方法。

　　A. 存在或发生　　B. 完整性　　C. 表达与披露　　D. 所有权

## 二、多项选择题

1. 注册会计师发现坏账准备出现以下情况，应当要求被审计单位在会计报表附注中予以披露(　　)。

　　A. 坏账准备计提比例超过40%　　B. 全额计提坏账准备
　　C. 坏账准备计提比例低于5%　　　D. 不计提坏账准备

2. 对于被审计单位销售退回、折让、折扣的控制测试，注册会计师应检查(　　)。

　　A. 销售退回和折让是否附有按顺序编号并经主管人员核准的借项通知书
　　B. 所退回的商品是否具有仓库签发的退货验收报告
　　C. 销售退回与折让的批准与贷项通知单的签发职责是否分离
　　D. 现金折扣是否经过适当授权，授权人与收款人的职责是否分离

3. 注册会计师为审查被审计单位销货业务记录的及时性这一内部控制目标，所常用的控制测试方法包括(　　)。

　　A. 检查销货发票顺序编号是否完整
　　B. 审查任何时候尚未开出收款账单的发货
　　C. 审查任何时候尚未登记入账的销货业务
　　D. 审查有关凭证上内部核查标记

4. 以下关于截止测试的说法中，正确的是(　　)。

　　A. 截止测试的目标是同一业务引起的借贷双方是否在同一会计期间入账

B. 截止测试的范围是审查结账日前后若干天的业务，看是否有跨期现象

C. 截止测试是由被审计单位对会计报表的估价与分摊认定推论得来的

D. 截止测试的方法一般都是审查所审业务的凭证与记账的日期

5. 下列情况中，注册会计师应采用积极式询证函的有（　　　）。

A. 上年度的肯定式函证回复率特别低

B. 少数几个大额账户占了应收账款总额的较大比重

C. 欠款余额较大的债务人

D. 被审计单位的内部控制有效

6. 函证应收账款时，在（　　　）情况下，不宜采用消极式函证方式。

A. 个别账户的欠款金额较大

B. 欠款存在争议、差错等

C. 预计差错率较高或内部控制无效

D. 欠款金额较小的债务人数量较多

7. 在注册会计师寄发的企业应收账款询证函中，摘录了如下四个语句，你认为能表明积极式询证函的语句有（　　　）。

A. 回函请直接寄往××会计师事务所

B. 如与贵公司记录相符，请在本函下端"数据证明无误"处签章证明

C. 款项在上述日期之后已经付清，仍请及时复函为盼

D. 如与贵公司记录不符，请在"数据不符"处列明不符金额

8. 应收账款消极式函证回函的客户一般均对被审计单位的记载和叙述持有异议，但有的情况下注册会计师仍然认可被审计单位应收账款的存在性，这些情况包括（　　　）。

A. 债务人已于函证日前付款，而被审单位在函证日前尚未收到款项

B. 被审计单位已发出商品，但货物在途，询证函早于货物送达客户

C. 货物已送达债务人，但债务人尚未收到询证函

D. 债务人要求退货

9. 针对下列被审计单位制定的内部控制中，注册会计师认可的有（　　　）。

A. 只有附有装运凭证、销售发票才能够登记主营业务收入明细账

B. 销售发票应事先连续编号

C. 应收账款记账员定期向客户寄送对账单

D. 记录销售的职责与处理销售交易的其他功能相分离

## 三、判断题

1. 如果应收账款函证回函出现了差异，不是存在未达账项，就是存在弄虚作假或舞弊行为，不会再有其他情况。　　　　　　　　　　　　　　　　　　　　　　（　　）

2. 对已收回的应收账款，一般不再函证，只要审查有关原始凭证即可。　　（　　）

3. 查明主营业务收入的确认原则、方法，注意其是否符合会计准则和会计制度规定的收入实现条件，前后期是否一致。特别关注周期性、突然性的收入是否符合既定的收入确认原则和方法。　　　　　　　　　　　　　　　　　　　　　　　　　　　　（　　）

4. 以账簿为起点追查至销售发票和发货单，能有效地发现隐瞒销售的行为。　（　　）

5. 以销售发票和发货单为起点追查至账簿和报表,能有效地发现隐瞒销售的行为。
(　　)

6. 如果应收账款最终收回或收到退货,说明当时入账的销售业务是真实的;如果应收账款贷方发生额是注销坏账或长期挂账,说明当时入账的销售业务是虚构的。

7. 对于大额应收账款余额,注册会计师必须采用肯定式函证予以证实。(　　)

8. 如果对应收账款函证的结果没有差异,说明全部应收账款是正确的,不会存在错误。
(　　)

9. 对应收账款进行函证,即使应收账款得到了债务人的承认,也并不一定能收回来,况且函证也不可能发现应收账款所有的问题,因此,应收账款函证并不是一项必要的审计程序。
(　　)

10. 若未对某些金额较大的应收账款计提坏账准备或计提的比率低于5%,则作为上市公司,应在资产负债表的附注中说明理由。(　　)

### 四、简答题

1. 销售交易的截止测试路线是什么?
2. 何种情况下应收账款可以不实施函证程序?
3. 营业收入的审计目标是什么?
4. 销售和收款交易中的关键控制点有哪些?

## 任务二　采购与付款循环审计

### 一、单项选择题

1. 注册会计师不需要函证应付账款的情形有(　　)。
  A. 应付账款的控制风险高　　　　B. 应付账款的检查风险高
  C. 某应付账款账户金额较大　　　D. 被审计单位处于经济困难阶段

2. 下列内容中,属于固定资产内部控制弱点的是(　　)。
  A. 购买设备的付款支票未经会计主管签章
  B. 设备通常在所估计使用寿命即将结束时才重置固定资产
  C. 所有设备的购买均由使用设备部门自行办理
  D. 出售提尽折旧的旧设备时,将所得价款记其他收益

3. 下列选项中,不属于针对应付账款的实质性程序的是(　　)。
  A. 函证应付账款
  B. 检查现购的采购交易相关凭证,确定交易是否是真实的
  C. 针对已偿付的应付账款,追查至银行对账单、银行付款单据和其他原始凭证
  D. 检查应付账款是否已按照企业会计准则的规定在财务报表中作出恰当列报

4. 下列各项中,不属于注册会计师对固定资产取得和处置实施控制测试的程序是(　　)。
  A. 审查固定资产取得是否与预算相符,有无重大差异
  B. 审查固定资产的取得和处置是否经过授权批准
  C. 审查是否正确划分资本性支出和收益性支出

D. 审查与固定资产取得和处置相关的项目如应付账款、银行存款、固定资产清理等会计记录的适当性

5. 资产类审计和负债类审计的最大区别是（　　）。

A. 前者侧重于审查所有权，后者侧重于审查义务

B. 前者侧重于审查应收账款，后者侧重于应付账款

C. 前者侧重于防高估和虚列，后者侧重于防低估和漏列

D. 前者与损益无关，后者与损益有关

6. 下列审计程序中，（　　）与查找未入账应付账款无关。

A. 审核期后现金支出的主要凭证

B. 审核期后未付账单的主要凭证

C. 追查年终前签发的验收单至相关的卖方发票

D. 审核应付账款账簿记录

7. 计算固定资产原值与本期产品产量的比率是对固定资产实施（　　）程序的内容之一。

A. 控制测试　　　　B. 实质性测试　　　　C. 控制测试　　　　D. 分析性复核

8. 注册会计师应结合（　　）进行应付账款的审计。

A. 生产业务　　　　B. 销售业务　　　　C. 赊购业务　　　　D. 以上都是

9. 注册会计师在对应付账款进行函证时，函证主要采用（　　）形式。

A. 消极　　　　　　　　　　　　　　B. 积极

C. 积极与消极结合　　　　　　　　　D. 根据不同情况选择不同形式

## 二、多项选择题

1. 当被审计单位管理层具有高估利润的动机时，其中属于费用支出和应付账款的低估风险的有（　　）。

A. 遗漏交易

B. 在截止期后推迟入账

C. 将属于费用性支出的部分资本化

D. 对于同一笔交易重复入账

2. 适当的职责分离有助于防止各种有意或无意的错误，采购与付款业务不相容岗位包括（　　）。

A. 询价与确定供应商　　　　　　　B. 请购与审批

C. 付款审批与付款执行　　　　　　D. 采购合同的订立与审批

3. 为合理保证已发生的采购交易均已记录，需要设置的关键内部控制有（　　）。

A. 请购单均经事先连续编号

B. 订购单均经事先连续编号并将已完成的采购登记入账

C. 验收单均经事先连续编号并已登记入账

D. 应付凭单均经事先连续编号并已登记入账

4. 企业采购部门的下列做法中，正确的有（　　）。

A. 采购部门根据各部门填写的请购单直接采购货物并付款

B. 采购部门要求请购单应连续编号

C. 每张请购单必须由有关主管人员签字批准
D. 采购部门填写的订购单应连续编号

5. 注册会计师通过下列审计程序,可以查找被审计单位未入账的应付账款的有( )。
   A. 审查资产负债表日收到,但尚未处理的购货发票
   B. 审查应付账款函证的回函
   C. 审查资产负债表日后一段时间内的支票存根
   D. 审查资产负债表日已入库,但尚未收到发票的商品的有关记录

6. 下列选项中,与应付账款的完整性认定相关的审计程序有( )。
   A. 针对未授权的交易,检查相关原始凭证和会计记录
   B. 针对已偿付的应付账款,检查相关原始凭证确定其是否在资产负债表日前真正偿付
   C. 函证资产负债表日金额不大,甚至为零,但为被审计单位重要供应商的债权人
   D. 从原始凭证追查至相关的账簿记录,确定所有交易均已记录

### 三、判断题

1. 审查被审计单位制定的折旧政策和方法是否符合《企业会计制度》的规定,确定其所采用的折旧方法能否在固定资产使用年限内合理分摊其成本,前后期是否一致。( )

2. 由于多数舞弊企业在低估应付账款时,是以漏记赊购业务为主,所以函证无益于寻找未入账的应付账款。( )

3. 对于因债务人抵债获取的固定资产,应检查产权过户手续是否齐备,固定资产计价及确认的损益是否符合相关会计制度的规定。( )

4. 已计提减值准备的固定资产,不再计提折旧。( )

5. 对于更新改造的固定资产,注册会计师应查明被审计单位增加的固定资产原值是否真实,是否符合资本化条件,增计金额是否超过了该项固定资产的可收回金额;重新确定的剩余折旧年限是否恰当。( )

6. 长期停建并且在预计未来 3 年内不会重新开工的在建工程应当计提减值准备。( )

7. 严格地讲,固定资产保险不属于企业固定资产的内部控制范围,因此,注册会计师在检查、评价企业内控时,可不考虑固定资产保险情况。( )

8. 注册会计师采用分析性复核审计程序对被审计单位固定资产进行测试时,不必分析固定资产的构成及其增减变动情况。( )

9. 注册会计师审计被审计单位固定资产时,实地观察的重点是本期新增加的重要固定资产,有时,观察范围也会扩展到以前期间增加的重要固定资产。( )

10. 在一般情况下,应付账款不需要函证,其主要原因是:注册会计师能够取得购货发票等外部凭证来证实应付账款的余额。( )

### 四、简答题

1. 如何查找未入账的负债?
2. 应付账款函证与应收账款函证的区别是什么?
3. 固定资产的主要实质性程序有哪些?
4. 如何对固定资产应计提的累计折旧进行审计?

### 五、案例题

T公司材料采购内部控制规定,购入的每批材料均需经独立的验收部门验收,并由验收部门编制一式四联的验收单。验收的传递流程如下:

第一联交采购部门,采购部门依据卖方发票和订购单登记应付账款明细账,并将验收单附在订购单之后;第二联交应付凭单编制部门,以便应付凭单部门根据订购单编制付款凭单,并将验收单附在订购单之后;第三联交仓库作为入库单,并据以编制入库单并登记材料明细账,然后将验收单交财务部门,或交提出请购的其他部门,以便该部门根据验收单和先前填写的请购单登记相关的费用明细账,然后将验收单交财务部门;第四联由验收部门留存。

财务部门收到仓库或其他请购部门传来的验收单和应付凭单部门传来的经批准的付款单后办理相关的付款手续。

要求:

(1) 假定你是注册会计师,指出T公司上述内部控制能否保证材料(或费用)明细账、应付账款明细账以及银行存款日记账金额的一致性,并说明原因。

(2) 指出T公司的上述内部控制是否有助于防止采购业务违背发生(或存在)认定和准确性(或计价和分摊)认定。

## 任务三　货币资金审计

### 一、单项选择题

1. 注册会计师对被审计单位现金进行盘点时,如果发现有冲抵库存现金的借条、未作报销的原始凭证等,应在(　　)中注明或作必要的调整。

A. 现金日记账　　　　　　　　　B. 库存现金盘点表
C. 审计工作底稿　　　　　　　　D. 会计报表附注

2. 确定是否对各银行存款余额进行函证,主要取决于(　　)。

A. 是否已取得银行对账单　　　　B. 是否已取得所有已支付支票存根
C. 各银行存款余额的大小　　　　D. 本期是否发生了银行存款收付业务

3. 以下对货币资金业务内部控制制度的要求中,与银行存款无直接关系的是(　　)。

A. 按月盘点现金,做到账实相符　B. 当日收入现金及时送存银行
C. 加强对货币资金业务的内部审计　D. 收支业务与记账岗位分离

4. 在下列工作中,出纳还可以从事的是(　　)。

A. 会计档案保管　　　　　　　　B. 记录收入、支出、费用的明细账
C. 记录银行存款、现金日记账　　D. 编制银行存款余额调节表

5. A注册会计师在2022年3月25日对B企业现金实施监盘审计程序,实际的现金盘点金额为1 325元,已知被审计单位账面显示2021年资产负债表日至现金盘点日企业共收到现金266 500元,付出现金271 109元,假设上面的数据都正确,B企业资产负债表日现金余额为(　　)元。

A. 5 582　　　　B. 5 627　　　　C. 5 870　　　　D. 5 934

6. N公司某银行账户的银行对账单余额与银行存款日记账余额不符,A注册会计师应当执行的最有效的审计程序是(　　)。

A. 重新测试相关的内部控制

B. 审查银行对账单中记录的该账户资产负债表日前后的收付情况

C. 审查银行存款日记账中记录的该账户资产负债表日前后的收付情况

D. 审查银行存款余额调节表

## 二、多项选择题

1. 注册会计师在执行银行存款函证时要判断银行存款函证的内容，以下属于银行存款函证内容的有（　　　）。

    A. 各银行存款账户的余额　　　　　　B. 银行贷款余额

    C. 银行贷款担保或抵押情况　　　　　D. 由银行托收的商业汇票

2. 下列对函证银行存款的处理中，正确的有（　　　）。

    A. 注册会计师委托出纳将函证信送交银行

    B. 对存款余额为零的开户银行也进行了函证

    C. 对存款余额较小的开户行采用的是消极式函证

    D. 函证银行存款的同时，也对银行借款和借款抵押的情况进行了函证

3. 注册会计师在审计A公司2021年度财务报表时，监盘了A公司的库存现金，并负责监盘了存货。这两种程序的不同之处包括（　　　）。

    A. 盘点的参与人员不同

    B. 监盘时间安排不同

    C. 因盘点对象特点而执行的监盘方式不同

    D. 监盘计划中与被审计单位管理层的沟通程度不同

4. 注册会计师拟对A公司的货币资金实施实质性程序。在以下审计程序中，属于实质性程序的有（　　　）。

    A. 检查银行预留印鉴是否按照规定保管

    B. 检查库存现金是否妥善保管，是否定期盘点、核对

    C. 检查银行存款余额调节表中未达账项在资产负债表日后的进账情况

    D. 检查外币银行存款年末余额是否按年末汇率折合为记账本位币金额

5. 下列描述的各种情形中，符合现金监盘要求的有（　　　）。

    A. 参与盘点的人员必须有出纳员、乙公司会计主管和注册会计师

    B. 盘点之前应将已办理现金收付款手续的收付凭证记入现金日记账

    C. 不同存放地点的现金应同时进行盘点

    D. 监盘时间必须安排在当日现金收付业务进行中采取突击盘点

6. 在盘点现金时，下列处理中，不恰当的有（　　　）。

    A. 盘点应采用预告方式进行

    B. 盘点时应有出纳人员在场

    C. 盘点表只能由出纳人员签字，以明确责任

    D. 盘点前由注册会计师结出现金结余额

## 三、判断题

1. 被审计单位资产负债表上的现金数额，应当以结账日现金日记账余额为准。（　　　）

2. 向银行函证银行存款余额,一般均采用积极式函证方式。（  ）

3. 注册会计师审查银行存款时,应当注意资产负债表上银行存款数字是否已经包括银行当年最后一天收到或付出的款项。（  ）

### 四、简答题

1. 货币资金的审计目标是什么？
2. 现金监盘与存货监盘有什么区别？
3. 货币资金的种类及其审计要点有哪些？

# 项 目 实 训

## 实 训 一

**1. 资料：** A 和 B 注册会计师负责审计 W 公司 2021 年度财务报表。A 和 B 注册会计师在审计工作底稿中记录了所了解的 W 公司及其环境的情况部分内容摘录如下：

在 2020 年实现销售收入增长 10% 的基础上,W 公司董事会确定的 2021 年销售收入增长目标为 20%（经营目标、关键业绩指标）。W 公司管理层实行年薪制,总体薪酬水平根据上述目标的完成情况上下浮动（"与业绩奖金或激励性报酬等因素结合起来考虑,可能显示管理层在编制财务报表时存在某种倾向的错报风险"）。W 公司所处行业 2021 年的平均销售增长率是 12%（被审计单位与同行业其他单位相比具有异常快的增长率或盈利水平）。

**2. 要求：**

(1) 回答销售与收款循环中的主要业务活动、主要的凭证与记录,以及它们之间的对应关系,请填写在表 7-1 中。

**表 7-1      销售与收款循环主要业务活动、主要凭证与记录**

| 主要业务活动 | 凭证或记录 | 相 关 认 定 |
|---|---|---|
| 接受顾客订单 | | |
| 批准赊销信用 | | |
| 按销售单供货 | | |
| 按销售单装运货物 | | |
| 向顾客开具账单 | | |
| 记录销售 | | |
| 办理和记录现金及银行存款收入 | | |
| 办理和记录销货退回及折扣折让 | | |
| 注销坏账 | | |
| 提取坏账准备 | | |

（2）针对表7-2中所列的关于销货业务的每项关键内部控制措施，指出与之关系最为密切的一类管理层认定和注册会计师的一般审计目标。将答案填入表7-2中的相应空格。

表7-2　　　　　　　　　销货业务内部控制与相关认定及审计目标

| 内部控制的目标 | 管理层认定 | 审 计 目 标 |
|---|---|---|
| 采用适当的会计科目表 | | |
| 定期检查发运凭证、销售发票的编号有无空缺 | | |
| 在销货发生的当天开具收款账单并登记入账 | | |
| 销货业务须以经审核的顾客订单为依据登记入账 | | |
| 定期将应收账款明细账余额合计与总账进行比较 | | |

## 实 训 二

**1. 资料**：注册会计师王实在预备调查阶段通过问卷形式对B公司的购货与付款循环进行了解，形成"购货与付款循环备忘录"如表7-3所示。

表7-3　　　　　　　　　　购货与付款循环备忘录

被审计单位名称：B公司　　　　编制者：王实　　　　日期：2022/2/15　页次：2
截止日：2021/12/31　　　　　　复核者：吴江　　　　日期：2022/2/15　索引号：x7-1

| 内部控制描述 | 可能存在的缺陷 | 改进措施 |
|---|---|---|
| 购货由采购部门负责，根据自己填制的采购单采购，货物进厂后由隶属于采购部门的验收部门负责验收 | | |
| 如果货物验收合格，验收部门就在"采购单"上盖"货已验讫"的印章，交给会计部门付款 | | |
| 对于验收不合格的货物由验收部门直接退给供货商，验收部门不负责开验收报告单 | | |
| 验收后的货物直接堆放在机器旁准备加工 | | |

**2. 要求**：
（1）请指出可能存在的缺陷及改进措施。
（2）注册会计师王实是否应对B公司购货与付款循环进行控制测试？并说明理由。

## 实 训 三

**1. 资料**：ABC会计师事务所的注册会计师A和B接受委托，审计甲公司2021年度的财务报表。根据以往经验，决定信赖客户的内部控制，为此决定对相关内部控制进行了解和控制测试。通过了解，A和B注册会计师发现以下情况：

（1）关于银行存款的内部控制。财务处处长负责支票的签署，外出时其职责由副处长代为履行；副处长负责银行预留印鉴的保管和财务专用章的管理，外出时其职责由处长代为履行；财务人员乙负责空白支票的管理，仅在出差期间交由财务处处长管理。负责签署支票的财务处处长的个人名章由其本人亲自掌管,仅在出差期间交由副处长临时代管。

(2) 关于货币资金支付的规定。部门或个人用款时,应提前向审批人提交申请,注明款项的用途、金额、支付方式、经济合同或相关证明;对于金额在 10 000 元以下的用款申请,必须经过财务处副处长的审批,金额在 10 000 元以上的用款申请,应经过财务处处长的审批;出纳人员根据已经批准的支付申请,按规定办理货币资金支付手续,及时登记现金和银行存款日记账;货币资金支付后,应由专职的复核人员进行复核,复核货币资金的批准范围、权限、程序、手续、金额、支付方式、时间等,发现问题后及时纠正。

**2. 要求**:请指出内部控制中存在的问题并提出改进建议。

## 实 训 四

**1. 资料**:甲集团(上市公司)是东山会计师事务所的常年审计客户。注册会计师张明负责审计甲集团 2021 年度财务报表。审计工作底稿中与分析程序相关的部分内容摘录如下:

(1) 由于张明连续对甲集团审计了三年,甲集团经营状况较稳定,且无重大重组等其他事项,故决定在风险评估阶段不再实施分析程序,更多的通过观察和检查程序获取证据。

(2) 张明决定针对营业收入项目实施实质性分析程序,张明基于对甲集团的相关预算情况、行业发展状况、市场份额、可比的行业信息、经济形势和发展历程的了解,确定期望值。

(3) 张明对应付账款实施实质性分析程序,将负债类的重要性作为已记录金额与预期值之间可接受的差异额。

(4) 甲集团下属子公司可能存在导致本集团财务报表发生重大错报的特别风险,张明将其判断为重要组成部分,但因其规模较小,故决定对其在集团层面实施分析程序。

(5) 张明对销售费用实施实质性分析程序,确定已记录金额与预期值之间可接受的差异额为 80 万元,实际差异为 200 万元。张明就超出可接受差异额的 120 万元询问了管理层,并对其答复获取了充分、适当的审计证据。

(6) 张明在审计过程中提出的审计调整建议,甲集团均已经调整完毕,因此认为无需在临近审计结束时运用分析程序对财务报表进行总体复核。

**2. 要求**:针对上述第(1)至第(6)项,逐项指出注册会计师张明的做法是否恰当。如不恰当,提出改进建议。

# 项目八　认知信息技术审计

## 学 习 指 导

### 任务一　认知信息技术对审计工作的影响

#### 一、相关审计准则的变化

2006年2月15日,财政部颁布了《中国注册会计师执业准则》,共计48个项目。审计准则的发布,体现了与国际审计准则趋同,有助于审计信息化工作的进程,也为会计信息化提出了更高的要求。特别是准则中新增了《中国注册会计师审计准则第1633号——电子商务对财务报表审计的影响》部分,根据电子证据存在形式的特殊性,对电子审计证据进行了特别说明。

2011年12月9日,中国注册会计师协会(以下简称"中注协")发布《行业信息化建设总体方案》(以下简称"《总体方案》")及相关配套文件,有效指导了行业信息化建设。

2014年9月,为深化注册会计师行业信息化战略实施,健全行业信息化激励机制,推动会计师事务所积极开展执业和内部管理信息化建设,中注协印发了《会计师事务所信息化建设奖励办法》(以下简称"《办法》")。

2016年12月,中注协发布《注册会计师行业信息化建设规划(2016—2020年)》(以下简称"《规划》")。

2017年7月,中注协印发了《会计师事务所信息化促进工作方案》,为信息化审计制定标准、深化应用和修订准则。

#### 二、审计范围的扩大

会计信息化下的审计不仅要对各种会计资料及信息进行审计,而且要对企业会计核算的组织控制、系统开发与维护控制、系统安全控制、硬件及系统软件和操作控制等方面进行审计。

由于在信息化环境下,会计核算与财务报告是由信息系统通过程序进行自动处理的,因此审计内容很有可能包括对信息系统中的相关自动控制的测试。信息技术审计范围的确定如表8-1所示。

表 8-1　　　　　　　　　　　信息技术审计范围的确定

| 事项 | 具体内容 |
|---|---|
| 总体要求 | （1）如果审计人员计划依赖自动控制或自动信息系统生成的信息，那么他们就需要适当扩大信息技术审计的范围。<br>（2）审计人员在确定审计策略时，需要结合被审计单位业务流程复杂度、信息系统复杂度、系统生成的交易数量和业务对系统的依赖程度、信息和复杂计算的数量、信息技术环境规模和复杂度五个方面，对信息技术审计范围进行适当考虑。<br>（3）信息技术审计的范围与被审计单位在业务流程及信息系统相关方面的复杂度成正比 |
| 评估业务流程的复杂度（业务流程） | 审计人员可以通过考虑以下因素，对业务流程复杂度作出适当判断：<br>① 某流程是否涉及过多人员及部门，并且相关人员及部门之间的关系复杂且界限不清；<br>② 某流程是否涉及大量操作及决策活动；<br>③ 某流程的数据处理过程是否涉及复杂的公式和大量的数据录入操作；<br>④ 某流程是否需要对信息进行手工处理；<br>⑤ 对系统生成的报告的依赖程度 |
| 评估信息系统的复杂度（信息系统） | 对于自行研发系统复杂度的评估，应当考虑系统复杂程度、距离上一次系统架构重大变更的时间、系统变更对财务系统的影响结果，以及系统变更之后的系统运行情况及运行期间。同时，还需要考虑系统生成的交易数量、信息和复杂计算的数量，包括：<br>① 被审计单位是否存在大量交易数据，以至于用户无法识别并更正数据处理错误；<br>② 数据是否通过网络传输，如 EDI；<br>③ 是否使用特殊系统，如电子商务系统 |
| 信息技术环境的规模和复杂度（信息技术环境） | 评估信息技术环境的规模和复杂度，主要应当考虑产生财务数据的信息系统数量、信息系统接口以及数据传输方式、信息部门的结构与规模、网络规模、用户数量、外包及访问方式 |
| 了解与审计相关的信息技术一般控制和应用控制的要求 | （1）了解内部控制有助于审计人员识别潜在错报的类型和影响重大错报风险的因素，以及设计进一步审计程序的性质、时间安排和范围。<br>（2）无论被审计单位运用信息技术的程度如何，审计人员均需了解与审计相关的信息技术一般控制和应用控制 |

### 三、审计线索的隐蔽

会计信息化下，纸质记录消失了，取而代之的是数据处理过程的自动化，即业务数据进入计算机系统之后，由计算机按会计软件中的程序自动生成会计账簿及会计报表。

在信息技术环境下，从业务数据的具体处理过程到报表的输出都由计算机按照程序指令完成，数据均保存在磁性介质上，从而会影响到审计线索，如数据存储介质、存取方式以及处理程序等。

### 四、对审计方法和审计人员的影响

信息化下的审计与传统的审计相比，审计的目标没有改变，而作为审计活动中内生变量的审计准则，审计范围和审计线索都发生了很大的变化。而这些变化，也将导致审计活动中的外生变量——审计方法和审计人员的变化。由于信息化条件下的舞弊不同于传统环境,也就迫切要求审计方法和审计人员应尽快适应这一变化。在审计方法方面,对于存储在磁介质上的程序、文件、数据,审计人员只能利用计算机进行审计。另外,采用计算机辅助审计方法可以更迅速、更有效地完成审阅、核对、分析、比较等各项审查内容,提高审计的效率和质量。

## 任务二 认知信息化审计的基本概念和基本方法

### 一、信息化审计的基本概念

信息化审计指的是现代信息技术对审计的影响以及审计对现代信息技术的利用。目前,还存在其他类似的概念,如计算机审计、审计信息化、审计电算化、网络审计等。我们认为,"信息化审计"这一概念涵盖的范畴更广,能够包含上述的其他类似概念。

### 二、信息化审计的发展历程

2011年12月9日,为了充分利用现代信息技术,全面提高行业信息化水平,以信息技术提高会计师事务所内部管理水平、以信息技术再造会计师事务所业务流程、以信息技术保障会计师事务所执业质量、以信息技术提升会计师事务所服务价值,使信息技术成为会计师事务所提升竞争能力的强力引擎,推动会计师事务所核心竞争力不断提升;中注协经协会行业信息化委员会审议通过发布了《中国注册会计师行业信息化建设总体方案》(会协〔2011〕115号)。

2016年12月15日,为深化实施注册会计师行业信息化战略,把握"互联网+"机遇,创新融合信息技术,形成行业发展新动能,实现信息技术引领行业跨越式发展,中注协制定发布了《注册会计师行业信息化建设规划(2016—2020年)》(会协〔2016〕73号)。

2017年6月30日,为用现代信息技术全面装备注册会计师行业,充分利用信息技术创新成果,形成以信息化设施为基础,以数据资源为核心,以技术支持和安全管理为保障,打造互联化、移动化、智能化的注册会计师行业信息化体系,中注协印发了《会计师事务所信息化促进工作方案》(会协〔2017〕31号)。

2021年3月2日,《中注协就行业信息化建设规划(2021—2025年)》公开征求意见。征求意见稿提出行业信息化未来五年发展的指导思想是:坚持以习近平新时代中国特色社会主义思想为指导,全面贯彻国家信息化发展战略、网络强国战略、数字中国战略,以行业服务国家建设为主题,以行业诚信建设为主线,统筹推进"会计师事务所信息化、行业管理服务信息化、协会办公信息化"总体布局,协调推进"标准化、数字化、网络化、智能化"战略布局,坚定不移贯彻新发展理念,以创新融合为根本动力,以赋能行业高质量发展为根本目的,统筹信息化发展和安全,加快"三个领域"的信息系统建设,推进行业信息化跨越式发展,行业信息化达到国际水平。

### 三、信息化审计的基本方法

#### (一) 信息技术中的一般控制和应用控制测试

在信息技术的环境下,人工控制和自动控制的审计方法是不一样的,人工控制的基本原理与方式并不会发生改变,审计人员仍需要按照标准执行相关的审计程序,而对于自动控制,就需要分别从信息技术一般控制、信息技术应用控制和公司层面信息技术控制三个方面考量。

1. 信息技术一般控制

信息技术一般控制的含义、作用和环节，归纳如表 8-2 所示。

表 8-2　　　　　　　　信息技术一般控制的含义、作用和环节

| 项目 | 具 体 内 容 |
| --- | --- |
| 含义 | 信息技术一般控制，是指为了保证信息系统的安全，对整个信息系统以及外部各种环境要素实施的、对所有的应用或控制模块具有普遍影响的控制措施 |
| 作用 | 信息技术一般控制通常会对实现部分或全部财务报表认定作出间接贡献。在有些情况下，信息技术一般控制也可能对实现信息处理目标和财务报表认定作出直接贡献 |
| 环节 | 信息技术一般控制包括以下四个环节：① 程序开发；② 程序变更；③ 程序和数据访问；④ 计算机运行 |

2. 信息技术应用控制

信息技术应用控制的含义、环节和要素，归纳如表 8-3 所示。

表 8-3　　　　　　　　信息技术应用控制的含义、环节和要素

| 项目 | 具 体 内 容 |
| --- | --- |
| 含义 | 信息技术应用控制，是设计在计算机应用系统中的、有助于达到信息处理目标的控制 |
| 环节 | 信息技术应用控制一般要经过输入、处理及输出等环节 |
| 要素 | 和人工控制类似，系统自动控制关注的要素包括：① 完整性；② 准确性；③ 存在和发生等 |

3. 公司层面信息技术控制

常见的公司层面信息技术控制包括但不限于：

(1) 信息技术规划的制定。

(2) 信息技术年度计划的制定。

(3) 信息技术内部审计机制的建立。

(4) 信息技术外包管理。

(5) 信息技术预算管理。

(6) 信息安全和风险管理。

(7) 信息技术应急预案的制定。

(8) 信息系统架构和信息技术复杂性。

4. 信息技术一般控制、应用控制与公司层面控制三者之间的关系

信息技术一般控制、应用控制与公司层面控制三者之间的关系，归纳如表 8-4 所示。

表 8-4　信息技术一般控制、应用控制与公司层面控制三者之间的关系

| 事项 | 具 体 内 容 |
| --- | --- |
| 总体关系 | (1) 公司层面信息技术控制是公司信息技术整体控制环境，决定了信息技术一般控制和信息技术应用控制的风险基调； |

续　表

| 事　项 | 具　体　内　容 |
|---|---|
| 总体关系 | (2) 信息技术一般控制是基础,信息技术一般控制的有效与否会直接关系到信息技术应用控制的有效性是否能够信任;<br>(3) 公司层面信息技术控制要素会影响该公司信息技术一般控制和信息技术应用控制的部署和落实 |
| 需要了解公司的信息技术整体控制环境 | 审计人员在执行信息技术一般控制和信息技术应用控制之前,会首先执行配套的公司层面信息技术控制,以了解公司的信息技术整体控制环境,并基于此识别出信息技术一般控制和信息技术应用控制的主要风险点以及审计重点 |

### (二) 信息化审计的基本方法

信息化审计的方法主要可以分为三类：绕过计算机审计、穿过计算机审计和利用计算机辅助审计。

#### 1. 绕过计算机审计

当面临不太复杂的 IT 环境时,如果在信息技术并不对传统的审计线索产生重大影响的情况下,审计人员可采取传统方式进行审计,即"绕过计算机进行审计"。审计人员虽然仍需要了解信息技术一般控制和应用控制,但不测试其运行有效性,即不依赖其降低评估的控制风险水平,更多的审计工作将依赖非信息技术类审计方法。

绕过计算机审计又称"黑盒法",就是认为电子计算机的核算过程相当于一个"黑盒子",不管它里面的设计流程、系统层次结构、核算子程序、处理过程怎样,而只考虑输入的数据是否能够输出我们所需要的正确结果。

#### 2. 穿过计算机审计

穿过计算机审计又称"白盒法",就是对计算机数据处理系统的全面审计,包括计算机的输入、输出、内部制度、应用程序、硬件可靠性审计等,直接审计计算机信息系统运行的正确性与可靠性。

穿过计算机审计通常使用以下两种方法对计算机系统进行测试。

(1) 模拟数据测试法。

模拟数据测试法,就是审计人员根据测试的要求,设计一套模拟业务的数据,利用被测试程序对模拟数据进行处理,然后比较得出的结果与正确结果,如果发现不一致,则应当进一步追查被审计单位计算机系统存在的问题。这种方法可用来测试整个系统的全部应用程序,也可用来测试个别程序,或测试程序中某个或某几个控制措施。模拟数据测试法一般适用于下列 3 种情况：

① 被审查系统的关键控制建立在计算机程序中;
② 被审查系统的可见审计线索有缺陷,难以由输入直接跟踪到输出;
③ 被审查系统程序较多,用模拟数据测试法经济、效率更高。

模拟数据测试法的关键是检测数据设计的质量。

(2) 模拟程序测试法。

模拟程序测试法与模拟数据测试法的操作原理不同,它不是以数据验证程序而是以模拟程序区检测数据,即由审计人员用自己掌握的程序语言和编程技术等知识独立编制与被审查系统功能语言完全相同的应用程序,然后从被审查系统中选取若干组数据在模拟程序中运行,根据两组数据结果的一致程度判断被审查系统数据处理的准确性和可靠性的一种审计方法。

#### 3. 利用计算机辅助审计

利用计算机辅助审计是指利用计算机的设备和软件作为工具,也可以应用比较系统的专用软件审计,把审计人员从繁琐枯燥的重复工作中解脱出来,提高工作效率,提高准确性和审计的规范性。利用计算机辅助审计类型如表8-5所示。

表8-5　　　　　　　　　利用计算机辅助审计类型

| 分类 | 内容 |
| --- | --- |
| 面向系统的计算机辅助审计技术 | 包括平行模拟、测试数据、嵌入审计模块法、程序编码审查、程序代码比较和跟踪、快照等方法 |
| 面向数据的计算机辅助审计技术 | 包括数据查询、账表分析、审计抽样、统计分析、数值分析等方法 |

## 任务三　认知审计信息化软件

### 一、审计软件的种类

为了适应计算机辅助审计的需要,近年来我国开发了一些审计软件。概括起来,这些审计软件可分为以下五种类型:

(1) 审计作业软件。
(2) 审计管理软件。
(3) 专用审计软件。
(4) 法规软件。
(5) 联网审计软件。

### 二、审计软件的主要功能

审计软件的主要功能包括以下几个方面:

(1) 辅助进行审计计划编制和审计项目管理。
(2) 辅助实施内部控制调查与评价。
(3) 可读取不同结构的数据文件或数据库。
(4) 进行审计抽样,按各种条件提取所需的审计证据和数据。
(5) 对审计证据进行一定的数据分析。
(6) 审计风险的综合评价。

### 三、审计软件的开发

#### (一) 审计软件开发的意义

审计软件开发的意义体现在以下几个方面:

(1) 审计软件有助于提高审计工作的效率。
(2) 审计软件有助于提高审计数据和审计证据的分析评价能力,为审计结论提供有力的支持。

（3）审计软件有助于加快现代审计理论、审计方法在审计实践中的应用。

### (二) 审计软件开发途径

审计软件的开发主要有审计机构自行开发、审计机构与外部开发机构联合开发和直接购买三种方式。

### (三) 审计软件的未来

1. 建设智能审计作业云平台

建设覆盖作业管理、项目管理、独立性管理、后续管理和客户管理等领域的审计机构智能审计作业云平台。基于数据交换标准，实现与行业管理信息系统衔接。融合信息技术创新成果，提升审计作业平台提取数据的能力，解决与客户信息系统之间的数据接口瓶颈。

2. 建设智能内部管理信息系统

审计机构内部管理信息化建设要以"网络应用、协同应用、智能应用"为核心，从会计财务、人力资源、继续教育、通讯服务、资产管理、行政办公和知识共享等功能应用领域，整合现有内部管理信息系统。

3. 完善基础设施与保障信息安全

严格按照国家网络和计算机环境基础设施标准，完善支撑审计机构信息系统日常稳定、安全运行的基础硬件设施，包括主机设备、存储设备、网络设备、机房设施与布线，实现基础设施达到先进水平。

4. 增强行业数据应用能力

增强审计人员信息技术和数据技术应用能力，加快培养复合型数据分析人才。在审计数据关联性分析、风险识别、预警与预测、客户分析、行业管理服务和决策支持等领域，开展基于云计算的大数据应用研究与实践，提升行业数据挖掘分析应用能力。

# 练 习 题

## 任务一 认知信息技术对审计工作的影响

### 一、单项选择题

1. 下列有关计算机辅助审计技术的描述中，不正确的是（　　）。

　A. 计算机辅助审计技术不仅能够提高审阅大量交易的效率，而且计算机不会受到过度工作的影响

　B. 可以将现有手工执行的审计测试自动化

　C. 在手工方式不可行的情况下计算机辅助审计技术无法执行测试或分析

　D. 相比较用手工的方式进行同样的测试，即便是第一年使用计算机辅助审计技术进行审计，也会节省大量的审计工作量

2. 由于创建错误的公式从而生成了错误的结果，这种错误称为（　　）。

　A. 输入错误　　　B. 其他错误　　　C. 接口错误　　　D. 逻辑错误

3. 下列关于信息技术应用控制信息处理的目标说法中，不正确的是（　　）。

A. 顺序标号可以实现信息处理的完整性目标

B. 将客户、供应商、部分数据、发票和采购订单等信息与现有数据进行比较,仅实现信息处理的准确性目标

C. 交易的审批和处理由不同的人员来完成可以实现信息处理的访问限制目标

D. 密码定期更换可以实现信息处理的访问限制目标

4. 下列有关信息技术对审计过程的影响的相关提法中,不正确的是(　　)。

A. 信息技术在企业的应用并不改变注册会计师制定的审计目标

B. 系统的设计和运行对业务流程和控制的了解会产生直接的影响

C. 系统的设计和运行不会对审计风险的评价产生直接影响

D. 在高度电算化的信息环境中,业务活动和业务流程引发了新的风险,从而使具体控制活动的性质有所改变

5. 与手工记录相比,信息技术在使用中(　　)。

A. 偶然性误差比系统问题的存在更为普遍

B. 数据更加准确

C. 报告缺乏灵活性

D. 管理需求固化到应用程序之中

6. 下列关于信息技术一般控制的说法中,正确的是(　　)。

A. 程序的变更需要考虑数据的迁移

B. 程序开发需要考虑程序的实施以及企业内部的职责分离

C. 程序和数据访问这一领域的目标是确保系统能够实现管理层的应用控制目标

D. 计算机运行的目标是确保分配的访问程序和数据的权限是经过认证并经过授权的

7. 如果财务报表仅依赖手工控制,此类手工控制不依赖系统所生成的信息或报告,那么(　　)。

A. 不需对系统环境进行了解与评估　　B. 需要验证手工控制

C. 需要验证系统一般性控制　　D. 需要验证系统应用控制

## 二、多项选择题

1. 信息技术对审计过程的影响体现在(　　)。

A. 对审计线索的影响　　B. 对内部控制的影响

C. 对审计内容的影响　　D. 对注册会计师的影响

2. 有效的信息系统需要实现的功能包括(　　)。

A. 确定交易发生期间,并将交易记录在适当的会计期间

B. 及时、详细记录交易内容,并在财务报告中对全部交易进行适当分类

C. 衡量交易价值,并在财务报告中适当体现相关价值

D. 识别和记录全部授权交易

3. 注册会计师在进行财务报告审计时,如果依赖相关信息系统所形成的财务信息和报告作为审计工作的依据,则必须考虑相关信息和报告的质量,而财务报告相关的信息质量是通过交易的录入到输出整个过程中适当的控制来实现的,所以,注册会计师需要在整个过程中考虑有关信息的(　　)。

A. 准确性　　B. 授权体系　　C. 访问限制　　D. 完整性

4. 信息技术的一般控制通常包括（　　　）。
   A. 输入控制　　　　　　　　　　　B. 处理控制
   C. 程序开发　　　　　　　　　　　D. 程序和数据访问

5. 自动系统控制和人工控制均需要关注信息处理目标的要素有（　　　）。
   A. 经过授权　　　B. 存在　　　C. 准确性　　　D. 完整性

6. 信息技术一般控制包括（　　　）。
   A. 程序开发　　　B. 计算机运行　　　C. 程序和数据访问　　　D. 程序变更

## 任务二　认知信息化审计的基本概念和基本方法

### 一、单项选择题

1. 关于信息技术对审计的影响，下列说法中错误的是（　　　）。
   A. 信息技术在企业中的应用改变了注册会计师进行风险评估和了解内部控制的原则性要求
   B. 信息技术审计的范围与被审计单位在业务流程及信息系统相关方面的复杂度成正向变动关系
   C. 注册会计师不依赖信息系统，无须验证人工控制与自动化控制，也没有必要了解、验证信息技术一般控制
   D. 和人工控制一样，自动系统控制同样关注信息处理的四个要素：完整性、准确性、存在和发生

2. 注册会计师在控制测试中使用计算机辅助审计技术的最大优势是（　　　）。
   A. 可以对每一笔交易进行测试，以确定内部控制是否有效运行
   B. 可以选择少量交易，以确定内部控制是否得到运行
   C. 可以选择少量的交易进行测试，以评价内部控制设计是否合理
   D. 可以对发现的控制失效的情况进行后续跟踪，确定控制的偏差

3. 下列关于信息系统对财务报告产生影响的说法中，不正确的是（　　　）。
   A. 衡量和审查企业资产的财务业绩
   B. 创建、记录、处理和报告各项交易
   C. 持续记录资产、负债及所有者权益
   D. 使财务报告的整个编制过程完全实现自动化

4. 下列有关信息技术对内部控制的影响的表述中，不正确的是（　　　）。
   A. 内部控制的形式发生了变化
   B. 对内部控制进行了解不再是必须的审计程序
   C. 内部控制的目标包括提高会计信息的可靠性
   D. 改变了具体控制活动的性质

5. 注册会计师在审计工作中计划仅依赖手工控制，且此类手工控制依赖系统所生成的信息或报告，需要通过控制测试来验证控制有效性。下列说法中不正确的是（　　　）。
   A. 需要对系统环境进行了解与评估　　　　B. 需要验证手工控制
   C. 需要验证应用控制　　　　　　　　　　D. 需要了解、验证系统一般性控制

6. 在测试信息技术一般控制时，注册会计师需要对影响系统驱动组件持续有效运行的

各个领域实施控制测试,下列各项中不属于测试的内容的是(　　)。

A. 程序变更控制　　　　　　　　　B. 计算机运行控制

C. 程序数据访问控制　　　　　　　D. 输入授权控制

7. 下列关于信息技术系统的说法中,错误的是(　　)。

A. 信息技术一般控制环境影响应用控制的运行

B. 信息技术一般控制通常对全部或部分财务报表认定作出间接贡献

C. 编辑检查可以实现应用控制审计的准确性目标

D. 编辑检查不能实现应用控制的完整性目标

8. 下列属于信息系统应用控制的是(　　)。

A. 输出控制　　　B. 程序开发控制　　　C. 数据访问控制　　　D. 程序变更控制

9. 下列有关一般控制和应用控制的描述中,不正确的是(　　)。

A. 应用控制是设计在计算机应用系统中的、有助于达到信息处理目标的控制

B. 信息技术一般控制只会对实现部分或全部财务报告认定作出间接贡献

C. 如果注册会计师计划依赖自动应用控制、自动会计程序或依赖系统生成信息的控制时,就需要对相关的信息技术一般控制进行验证

D. 所有的自动应用控制都会有一个人工控制与之相对应

10. 下列各项中,决定了信息技术的风险基准的是(　　)。

A. 信息技术应用控制　　　　　　　B. 信息技术一般控制

C. 公司层面信息技术控制　　　　　D. 认定层面信息技术控制

11. 在下列各项数据分析工具中,不适用的是(　　)。

A. 风险分析

B. 分析性程序

C. 为会计估计的计算方法是否适当的判断提供支持

D. 穿行测试

12. 下列关于信息技术一般控制、应用控制与公司层面控制三者之间的关系的说法中,不正确的是(　　)。

A. 公司层面信息技术控制情况代表了该公司的信息技术控制的整体环境,会影响该公司的信息技术一般控制和信息技术应用控制的部署和落实

B. 根据目前信息技术审计的业内最佳实践,注册会计师在执行信息技术一般控制和信息技术应用控制审计之前,会首先执行配套的公司层面信息技术控制审计

C. 一般控制是设计在计算机应用系统中的、有助于达到信息处理目标的控制

D. 公司层面信息技术控制是公司信息技术整体控制环境,决定了信息技术一般控制和信息技术应用控制的风险基调

13. 如果针对某一具体审计目标,注册会计师能够减少实质性程序的是(　　)。

A. 注册会计师能够识别出有效的一般控制

B. 注册会计师能够识别出有效的应用控制

C. 注册会计师能够识别出有效的一般控制,并通过测试确定其运行有效

D. 注册会计师能够识别出有效的应用控制,并通过测试确定其运行有效

14. 下列各项中,不属于注册会计师在信息化环境下面临的挑战的是(　　)。

A. 注册会计师需要重新建立对业务流程开展和内部控制运作的理解和认识

B. 注册会计师需要充分识别并评估与会计核算和财务报告编制相关的信息技术运用相伴而生的风险

C. 注册会计师需要具备丰富的会计、审计、经济、管理、法律方面的知识和技能

D. 注册会计师在确定审计范围时需要对信息技术的复杂性和专业性有充分认识

15. 下列有关信息技术一般控制的说法中，错误的是（　　）。

A. 信息技术一般控制只能对实现部分或全部财务报表认定做出间接贡献

B. 信息技术一般控制对所有应用控制具有普遍影响

C. 信息技术一般控制包括程序开发、程序变更、程序和数据访问以及计算机运行四个方面

D. 信息技术一般控制在保证信息系统的安全

## 二、多项选择题

1. 被审计单位将全部或部分的信息技术职能外包给专门的应用软件服务提供商或云计算服务商等计算机服务机构，则注册会计师应当实施的与服务机构活动相关的程序有（　　）。

A. 了解被审计单位内部控制的设计

B. 获取相关控制运行有效性的证据

C. 了解服务机构中与内部控制相关的控制以及针对服务机构活动所实施的控制

D. 了解被审计单位内部控制的运行是否有效

2. 下面关于计算机辅助审计的说法中，正确的有（　　）。

A. 计算机辅助审计技术可以使审阅工作更具效果

B. 计算机辅助审计技术能够提高审查大量交易的效率

C. 注册会计师仅可以在统计抽样方法中使用计算机辅助审计技术选取样本

D. 计算机辅助审计使得人们有可能对每笔交易进行测试

3. 信息技术可能对内部控制产生特定风险，了解信息技术对内部控制产生的特定风险时，注册会计师需要考虑的有（　　）。

A. 不恰当的人为干预

B. 未经授权改变主文档的数据

C. 不具有一贯性

D. 数据丢失的风险或不能访问所需要的数据

4. 审计人员在进行财务报表审计时，如果依赖相关信息系统所形成的财务信息和报告作为审计工作的依据，则必须考虑相关信息和报告的质量。具体来说，审计人员需要在整个过程中考虑的信息有（　　）。

A. 及时性　　　　B. 授权体系　　　　C. 准确性　　　　D. 访问限制

5. 下列关于在IT环境下审计的表述中，不正确的有（　　）。

A. 当面临不太复杂的IT环境时，注册会计师可以采用传统方式进行审计

B. 即使面临不太复杂的IT环境，注册会计师也不可以采用传统方式进行审计

C. 当面临复杂的IT环境时，注册会计师可以采用传统方式进行审计

D. 当面临复杂的IT环境时，注册会计师不可以采用传统方式进行审计

6. 当面临较为复杂的IT环境时，注册会计师开展审计工作需要更多运用的审计技术和审计工作有（　　）。

A. 非信息技术类审计方法　　　　　　B. 计算机审计辅助审计技术
C. 电子表格　　　　　　　　　　　　D. 函证

7. 在信息技术控制下,传统的手工控制越来越多的被自动控制所替代的原因有(　　)。
A. 自动控制可以处理大额、异常或偶发的交易
B. 自动控制能够有效处理大流量交易及数据
C. 自动信息系统能够提高信息的及时性、准确性
D. 自动控制信息系统能够提高管理层对企业业务活动及相关政策的监督水平

8. 注册会计师在对被审计单位的信息技术进行审计时,通常优先评估的有(　　)。
A. 公司层面信息技术控制　　　　　　B. 信息技术一般控制的有效性
C. 信息技术应用控制的有效性　　　　D. 信息技术应用控制设计的合理性

9. 下列各项中,体现注册会计师在信息化环境下面临的挑战的有(　　)。
A. 对业务流程开展和内部控制运作的理解
B. 对信息系统相关审计风险的认识
C. 审计范围的确定
D. 审计内容的变化

10. 下列关于信息技术对审计过程的影响主要体现在(　　)。
A. 对审计线索的影响　　　　　　　　B. 对审计技术手段的影响
C. 对内部控制的影响　　　　　　　　D. 对审计内容的影响

## 任务三　认知审计信息化软件

### 一、单项选择题

1. 下列不属于审计软件的是(　　)。
A. 社保联网软件　　B. 银行审计软件　　C. AO 软件　　D. 法律软件

2. 下列不属于审计软件的开发方式的是(　　)。
A. 审计机构自行开发　　　　　　　　B. 审计机构与外部开发机构联合开发
C. 接受捐赠　　　　　　　　　　　　D. 直接购买

### 二、多项选择题

1. 下列属于审计软件的有(　　)。
A. 社保联网软件　　B. 银行审计软件　　C. AO 软件　　D. OA 软件

2. 审计软件的主要功能有(　　)。
A. 提高审计工作的效率
B. 辅助进行审计计划编制和审计项目管理
C. 辅助实施内部控制调查与评价
D. 审计风险的综合评价

### 三、简答题

1. 审计软件开发的意义有哪些?
2. 结合中注协发布的行业信息化的相关文件精神,描述审计信息化的未来。

## 项 目 实 训

**1. 资料**

在信息技术环境下,注册会计师的审计工作与对系统的依赖程度是直接关联的,主要有四种情形:① 不依赖信息系统;② 仅依赖手工控制,此类手工控制不依赖系统所生成的信息或报告;③ 仅依赖手工控制,此类手工控制依赖系统所生成的信息或报告,审计需要通过实质性程序来验证控制有效性;④ 同时依赖手工及自动控制。

**2. 要求**:根据注册会计师以上四种对信息系统的依赖程度情形,完成表8-6。

表8-6　　　　　对信息系统的依赖程度的四种情形对照

| 对信息系统的依赖程度 | 对系统环境的了解与评估(是/否) | 验证手工控制(是/否) | 验证系统应用控制(是/否) | 了解、验证系统一般性控制(是/否) |
| --- | --- | --- | --- | --- |
| (1) |  |  |  |  |
| (2) |  |  |  |  |
| (3) |  |  |  |  |
| (4) |  |  |  |  |

客观题参考答案:项目八

# 主要参考文献

[1] 中国注册会计师协会.2021年度注册会计师全国统一考试辅导教材——审计[M].北京：中国财政经济出版社,2021.
[2] 中国注册会计师执业准则(2019年修订版),2019.
[3] 中国注册会计师执业准则应用指南(2019修订版),2019.
[4] 中国注册会计师职业道德守则(2020修订版),2020.
[5] 王生根.中国注册会计师执业准则重点难点解析与应用分析[M].大连：东北财经大学出版社,2020.
[6] 王生根.审计实务[M].3版.北京：高等教育出版社,2018.
[7] 叶陈刚,李洪,张岩.审计学[M].3版.北京：机械工业出版社,2019.
[8] 叶忠明,阮滢.审计学[M].2版.北京：清华大学出版社,2020.
[9] 阿尔文,埃尔德,比斯.审计学：一种整合方法[M].15版.北京：中国人民大学出版社,2017.
[10] 秦荣生,卢春泉,审计学[M].10版.北京：中国人民大学出版社,2019.
[11] 张瞳光.审计原理与实务[M].上海：上海财经大学出版社,2018.
[12] 陈汉文.审计理论与实务[M].北京：中国人民大学出版社,2019.
[13] 陈忆平.审计学教学案例[M].广州：华南理工大学出版社,2019.
[14] 宋常.审计学[M].8版.北京：中国人民大学出版社,2018.
[15] 彭俊英,陈艳芬.审计实务教学案例[M].北京：中国人民大学出版社,2018.
[16] 田高良,王龙.审计理论与实务[M].3版.北京：中国人民大学出版社,2020.
[17] 王守龙,王珠强,杨玉龙,鲁学生.审计学基础[M].5版.北京：清华大学出版社,2019.

## 郑重声明

高等教育出版社依法对本书享有专有出版权。任何未经许可的复制、销售行为均违反《中华人民共和国著作权法》，其行为人将承担相应的民事责任和行政责任；构成犯罪的，将被依法追究刑事责任。为了维护市场秩序，保护读者的合法权益，避免读者误用盗版书造成不良后果，我社将配合行政执法部门和司法机关对违法犯罪的单位和个人进行严厉打击。社会各界人士如发现上述侵权行为，希望及时举报，我社将奖励举报有功人员。

反盗版举报电话　（010）58581999　58582371
反盗版举报邮箱　dd@hep.com.cn
通信地址　北京市西城区德外大街 4 号　高等教育出版社法律事务部
邮政编码　100120

# 教学资源服务指南

**高等教育出版社**

**仅限教师索取**

感谢您使用本书。为方便教学，我社为教师提供资源下载、样书申请等服务，如贵校已选用本书，您只要关注微信公众号"高职财经教学研究"，或加入下列教师交流QQ群即可免费获得相关服务。

"高职财经教学研究"公众号

**资源下载**：点击"**教学服务**"—"**资源下载**"，或直接在浏览器中输入网址（http://101.35.126.6/），注册登录后可搜索相应的资源并下载。（建议用电脑浏览器操作）
**样书申请**：点击"**教学服务**"—"**样书申请**"，填写相关信息即可申请样书。
**试卷下载**：点击"**教学服务**"—"**试卷下载**"，填写相关信息即可下载试卷。
**样章下载**：点击"**教材样章**"，即可下载在供教材的前言、目录和样章。
**师资培训**：点击"**师资培训**"，获取最新会议信息、直播回放和往期师资培训视频。

## 联系方式

会计QQ3群：473802328    会计QQ2群：370279388    会计QQ1群：554729666
（以上3个会计QQ群，加入任何一个即可获取教学服务，请勿重复加入）
联系电话：（021）56961310    电子邮箱：3076198581@qq.com

## 在线试题库及组卷系统

我们研发有10余门课程试题库："基础会计""财务会计""成本计算与管理""财务管理""管理会计""税务会计""税法""审计基础与实务"等，平均每个题库近3000题，知识点全覆盖，题型丰富，可自动组卷与批改。如贵校选用了高教社沪版相关课程教材，我们可免费提供给教师每个题库生成的各6套试卷及答案（Word格式难中易三档，索取方式见上述"试卷下载"），教师也可与我们联系咨询更多试题库详情。